**Informação
nos Grupos
de Sociedades**

Informação nos Grupos de Sociedades

2018

Ana Perestrelo de Oliveira
Doutora em Direito
Professora Associada da Faculdade de Direito da Universidade de Lisboa
Investigadora do Centro de Investigação de Direito Privado

INFORMAÇÃO NOS GRUPOS DE SOCIEDADES
AUTORA
Ana Perestrelo de Oliveira

EDITOR
EDIÇÕES ALMEDINA, S.A.
Rua Fernandes Tomás, nºs 76-80
3000-167 Coimbra
Tel.: 239 851 904 · Fax: 239 851 901
www.almedina.net · editora@almedina.net

DESIGN DE CAPA
FBA.

PRÉ-IMPRESSÃO
EDIÇÕES ALMEDINA, SA

IMPRESSÃO E ACABAMENTO
DPS - DIGITAL PRINTING SERVICES, LDA

Setembro, 2018

DEPÓSITO LEGAL
445744/18

Os dados e as opiniões inseridos na presente publicação são da exclusiva responsabilidade do(s) seu(s) autor(es).

Toda a reprodução desta obra, por fotocópia ou outro qualquer processo, sem prévia autorização escrita do Editor, é ilícita e passível de procedimento judicial contra o infrator.

 GRUPOALMEDINA

BIBLIOTECA NACIONAL DE PORTUGAL – CATALOGAÇÃO NA PUBLICAÇÃO

OLIVEIRA, Ana Perestrelo de
Informação nos grupos de sociedades. – (Monografias)
ISBN 978-972-40-7595-2

CDU 347

Capítulo I
A Importância da Informação nos Grupos

1. Visão geral e razão de ordem

A importância da informação no direito societário é hoje adquirida e já não precisa de ser justificada[1]. Nos grupos de sociedades, os desafios à circulação da informação são superiores, atendendo à tensão entre a unidade económica do grupo e a autonomia jurídica das sociedades que o compõem, fazendo com que a necessidade de conhecimento nem sempre seja acompanhada por pretensões jurídicas de acesso a factos relativos a sociedades formalmente independentes[2].

São múltiplos os planos em que a informação nos grupos carece de ser estudada, começando pela transparência da própria estrutura de grupo, passando pela delimitação da informação devida pela sociedade-filha à sociedade-mãe e vice-versa, até ao direito dos sócios das diversas sociedades agrupadas de obter informação sobre factos relativos quer ao grupo quer a outras sociedades diferentes daquela a que pertencem. A relevância do tema estende-se, por outro lado, tanto às relações legalmente qualificadas como relações de grupo (artigos 488º e ss. do CSC)

---

[1] Cf. *v.g.* JOSÉ FERREIRA GOMES, *Os deveres de informação sobre negócios com partes relacionadas e os recentes Decretos-Lei nºs 158/2009 e 185/2009*, RDS I (2009), 3, 587-633 (590 ss.); MADALENA PERESTRELO DE OLIVEIRA, *Transparência no mercado de capitais: information overload, e ciência ou tutela dos investidores?*, RDS VIII (2016), 4, 787-809.

[2] Cf., com exemplos práticos, FLORIAN MADER, *Der Informationsfluss im Unternehmensverbund*, Tübingen, 2016, 1 ss.

como às relações de domínio (artigo 486º) em especial quando originam um grupo de facto, em virtude da implementação de uma direção económica unitária (*contra legem* ou, pelo menos, *prater legem*).

Bem se compreende que, neste contexto, é inevitável uma expansão dos deveres de informação quer diretamente, pelo aparecimento de deveres de informação originariamente reportados ao plano do grupo (*originäre konzernweite Informationspflichten*), quer através do alargamento dos deveres de informação das sociedades que o integram (*abgeleitete konzernweite Informationspflichten*)[3-4]. O repto é, pois, traçar as fronteiras da informação devida e permitida, compreendendo até que ponto a presença do grupo modifica os limites clássicos do acesso à informação.

Para alcançar este objetivo, dividimos a análise em três partes: (i) a informação e transparência quanto ao grupo em si; (ii) a circulação de informação entre sociedades do grupo (*upstream* e *downstream*); (iii) a delimitação do direito de informação dos sócios das diferentes sociedades agrupadas. Em todos estes aspetos, é inelutável a preocupação de distinguir as soluções a dar para os grupos de direito e para os grupos de facto, potencialmente não coincidentes em virtude do enquadramento normativo não uniforme.

Na linha da constatação, sempre citada, de WIEDEMANN, de que "no grupo tudo é diferente" ("*im Konzern ist alles anders*")[5] ou ainda de que, como escreveu FLEISCHER[6], "no grupo tudo é mais complicado" ("*Im Konzern ist alles komplizierter*"), assume-se com particular nitidez o imperativo de repensar o tema da informação, nas diversas dimensões apontadas.

Os deveres de informação quanto ao grupo propriamente dito representam a primeira expressão do reconhecimento de que este, apesar de não constituir uma unidade jurídica, se apresenta como unidade económica, sendo a sua publicitação essencial para a tutela dos diversos interesses envolvidos. Trata-se, acima de tudo, de assegurar a transparência do grupo e da sua estrutura. Por seu lado, a análise das relações respei-

---

[3] Cf. SVEN H. SCHNEIDER, *Informationspflichten und Informationssystemeinrichtungspflichten im Aktienkonzern*, Berlin, 2006, 127.
[4] Não vigoram, naturalmente, deveres de informação a cargo do grupo, uma vez que este não tem personalidade jurídica nem é, portanto, sujeito de direitos e deveres.
[5] *Die Unternehmensgruppe im Privatrecht*, Tübingen, 1988, 9.
[6] FLEISCHER, *Konzernleitung und Leitungssorgfalt der Vorstandsmitglieder im Unternehmensverbund*, DB 14/2005, 759-766 (759).

tantes à informação entre as sociedades do grupo é fundamental, distinguindo o dever de o órgão de administração da subsidiária informar a sociedade-mãe e o dever de o órgão de administração da sociedade-mãe informar o da subsidiária[7]. Ambos os deveres têm finalidades próprias e, por isso, têm igualmente alcances diferentes, não podendo, em acréscimo, como dissemos, assimilar-se os grupos de direito e os grupos de facto. O mesmo vale no que respeita ao último aspeto deste estudo, relativo a direito à informação dos sócios: importa distinguir, também aqui, entre estes dois tipos de grupos e, bem assim, em função da posição assumida no grupo pela sociedade que o sócio integra, potencialmente condicionante do seu grau de acesso à informação.

Antes de avançarmos na análise destes diversos aspetos, recordamos brevemente um conjunto de conceitos fundamentais que relevam para os objetivos que nos propomos alcançar.

2. Conceito de grupo relevante: breve síntese

Não é nosso propósito retomar aqui, em toda a sua extensão, o tema do conceito de grupo[8] mas apenas os traços essenciais para a compreensão da específica problemática ora em apreciação. O "grupo" é, frequentemente, utilizado em sentidos muito diversos. Todavia, podemos dizer que, em sentido estrito, este se caracteriza pela existência de uma direção unitária de duas ou mais sociedades, que conservam a sua personalidade jurídica autónoma[9] e as respetivas estruturas organizativas[10]-[11].

---

[7] ABBADESSA, *La circolazione delle informazioni all'interno del gruppo*, em *I gruppi di società. Atti del Convegno Internazionale di Studi, Venezia, 16-17-18 novembre 1995*, vol. I, Milano, 1996, 567-578 (574), sublinha a possibilidade de regular convencionalmente a circulação de informação no grupo.

[8] Remetemos para o que escrevemos em ANA PERESTRELO DE OLIVEIRA, *Manual de grupos de sociedades*, Coimbra, 2016.

[9] Cf. STJ 24-fev.-1999 (Silva Graça), www.dgsi.pt ("não são sucursais – com personalidade jurídica nos termos do artigo 7 do CPC – as sociedades que se incluam num grupo a que também pertença a que é parte na relação em causa, visto haver entre elas autonomia jurídica").

[10] Cf. RPt. 2-Jul.-2002 (Lemos Jorge), www.dgsi.pt: a direção unitária não implica substituição de órgãos diretivos nem decisões conjuntas; as sociedades mantêm a sua personalidade, concentrando-se na pluralidade. Cf., todavia, também STJ 8-Abr.-1997 (Torres Paulo), www.dgsi.pt: "a coligação corresponde a uma alteração em elementos estruturais das sociedades coligadas: a participação no capital; o direito de voto; o sentido da administração; a definição dos fins ou interesses a prosseguir".

Sem prejuízo do maior ou menor grau de centralização, a unidade do grupo funda-se no controlo e reflete-se tipicamente num conjunto de fatores, mais ou menos visíveis, nomeadamente na integração económica, na interdependência administrativa, na interdependência financeira, na interdependência de trabalhadores e na imagem comum[12]. São estes fatores que melhor permitem identificar e caracterizar o grupo

---

[11] Para mais desenvolvimentos, cf. ENGRÁCIA ANTUNES, *Os grupos de sociedades. Estrutura e organização jurídica da empresa plurissocietária*, 2ª ed., Coimbra, 2002, *passim*.

[12] O elemento identificador primário do grupo é o exercício, pela sociedade-mãe, do controlo ou do poder de dirigir a gestão e definir as políticas das subsidiárias (*v.g.*, política de produção, comercial, financeira, laboral, de investimentos): a intensidade desta atividade varia, mas, em maior ou menor medida, existe sempre a deslocação do poder de direção das sociedades-filhas para a sociedade-mãe. Depois, a atividade de direção do grupo dá origem, tipicamente, a um fenómeno de integração económica e empresarial das operações das empresas envolvidas, permitindo falar no grupo como unidade económica (a "empresa de grupo", *Konzernunternehmen*), dotada de um sistema de objetivos unitário e, tendencialmente, de uma unidade de planeamento e decisão. Simultaneamente, o grupo configura-se como unidade financeira, caracterizando-se, também neste plano, pela extraordinária imbricação da atividade e operações das sociedades que o compõem. No contexto do grupo, as empresas não procuram, tipicamente, financiamento independente, antes dependem de adiantamentos financeiros de sociedades integrantes daquele ou de garantias por elas prestadas [sejam financiamentos e garantias prestadas *upstream* (da sociedade-filha para a sociedade-mãe), sejam *downstream* (da sociedade-mãe para a sociedade-filha) ou ainda *sidestream* (entre sociedades-irmãs). Não raras são também as garantias cruzadas (*cross-guarantees*)]. Com frequência, são instituídos sistemas centralizados de gestão financeira, assegurados pela cúpula, que apresentam como instrumento importante o *cash-pooling* (*maxime*, na modalidade de *cash management*). Origina-se, em suma, um fenómeno de internalização do financiamento pelo grupo de sociedades, apontado como uma das principais razões para o crescimento dos grupos, em especial multinacionais. Característica dos grupos de sociedades é, por outro lado, a interdependência administrativa das sociedades que dele fazem parte: o grupo fornece serviços administrativos (*v.g.*, serviços legais, contabilísticos, fiscais, seguros, relações públicas, I&D, engenharia, segurança) às empresas componentes, que assim aumentam o seu grau de interligação, ao mesmo tempo que veem reduzida a sua independência real. Tem-se em vista, com esta forma de organização do grupo – em que as funções tipicamente desenvolvidas na esfera individual são transferidas para unidades de serviços partilhados –, a racionalização dos recursos disponíveis e o aproveitamento do potencial sinergético do grupo, ganhos de escala e a uniformização de procedimentos, libertando recursos para a atividade principal (*core business*) das entidades integrantes do grupo. Esta é, afinal, uma manifestação intragrupo do fenómeno mais amplo da externalização ou *outsourcing*. Outro aspeto que revela com especial intensidade a unidade de direção do grupo é a interdependência de pessoal, com frequente circulação dos trabalhadores dentro do grupo. Além disso, é notável a frequência prática das interconexões de pessoal ao nível do órgão de gestão, seja nos grupos de pequena, como nos de média e grande dimensão, tanto

de sociedades, sem prejuízo da diversidade concreta que pode assumir. A lei portuguesa abdica, no entanto, da análise ou verificação casuística destes fatores quando se trata de averiguar a existência do grupo. Com efeito, o conceito *legal* de grupo de sociedades é estritamente formal: não releva saber se existe materialmente direção unitária; desde que ocorra uma das situações legalmente tipificadas como relação de grupo, esta considera-se verificada. Simplesmente, o universo de casos reconhecidos como relação de grupo é extremamente limitado. Nos termos da lei positiva, a relação de grupo pode resultar tão-somente da titularidade de participação totalitária no capital de uma sociedade (relação de grupo por domínio total: artigos 488º a 491º), da celebração de contrato de subordinação (artigos 493º a 508º) ou ainda de contrato de grupo paritário (artigo 492º).

Nos dois primeiros casos, encontra-se legitimado o exercício de um poder de direção da sociedade-mãe sobre a sociedade-filha, traduzido no poder de lhe dirigir instruções, inclusive de carácter desvantajoso, desde que com vantagens para outra sociedade do grupo ou para a própria *holding* (artigos 503º e 491º), pelo que é provável que do exercício desse poder resulte a direção económica unitária das sociedades em causa, embora, na verdade, se prescinda da respetiva demonstração.

De entre estas relações, o grupo por domínio total corresponde àquele em que mais patentemente se dissolve a autonomia económica, mas também jurídica, da sociedade-filha, que é transformada numa "sociedade de soberania limitada"[13], senão mesmo num mero departamento, do ponto de vista económico, da sociedade-mãe. Esta modificação substantiva decorrente da unidade do grupo tem inevitável impacto, nos termos que melhor veremos, na matéria objeto do presente texto. Além do controlo sobre o órgão de gestão, a sociedade que detém 100% do capital exerce, na qualidade de sócia única, todas as competências pertencentes à assembleia geral da dependente, o que constitui diferença qualitativa relevante face às situações de grupo assente em contrato de subordinação ou de mera relação de domínio, com repercursão – em alguns casos significativa – na temática da infor-

---

nacionais como multinacionais (administradores comuns, *interlocking directors*). Finalmente, é frequente a utilização de uma "imagem de marca" comum às diversas sociedades do grupo.
[13] Cf. MIGNOLI, *Interesse di gruppo e società "a sovranità limitata"*, CI 1986, 729-738.

mação. As fronteiras formais da personalidade jurídica deixam de ter substância económica. Por esse motivo, a sociedade-mãe assume a responsabilidade pela totalidade do passivo da sociedade-filha, bem como a obrigação de compensação das perdas (artigos 501º e 502º, *ex vi* do artigo 491º). A lei desconsidera um dos principais efeitos associados à personificação da sociedade – precisamente a limitação da responsabilidade –, fazendo com que os resultados da atividade da sociedade-filha recaiam sobre a sociedade-mãe tanto através da variação dos lucros percebidos e do valor da participação, como também da própria assunção da responsabilidade universal pelo passivo e, ainda, da responsabilidade pelas perdas[14]. A própria responsabilidade dos administradores é expandida para o plano do grupo como um todo[15]. Bem se vê, assim, a relevância da unidade do grupo, que se refletirá necessariamente, como demonstraremos, no que respeita ao acesso à informação.

As duas modalidades de grupos consagradas da lei para além do domínio total, ou seja, os assente em contrato de subordinação e em contrato de grupo paritário, não têm expressão análoga no contexto deste estudo, uma vez que uns e outros não se identificam na realidade económica.

O contrato de subordinação tem como objeto a sujeição "global e total"[16] da gestão de uma sociedade a outra[17] e a inerente atribuição a esta última de um poder de direção sobre a primeira. Este instrumento produz, assim, uma deslocação do poder de direção da sociedade-filha para a sociedade-mãe, operando uma transferência *de facto*, embora não *de jure*, das competências legais do órgão de gestão da sociedade subordinada para o da sociedade diretora. Prevê-se, em consequência, além

---

[14] Cf. Ana Perestrelo de Oliveira, *Manual de grupos de sociedades*, cit., 205 ss. e, antes, *Grupos de sociedades e deveres de lealdade. Por um critério unitário de solução do "conflito do grupo"*, Coimbra, 2012.

[15] Cf. Ana Perestrelo de Oliveira, *A responsabilidade civil dos administradores nas sociedades em relação de grupo*, Coimbra, 2007, *passim*.

[16] Raúl Ventura, *Contrato de subordinação (arts. 493º e ss.). Comentário ao Código das Sociedades Comerciais*, em *Novos estudos sobre sociedades anónimas e sociedades em nome colectivo*, Coimbra, 1994, 110.

[17] Trata-se de objeto *necessário* do contrato: é inadmissível a exclusão do poder de direção da sociedade subordinada, sob pena de descaracterização do contrato (cf. Engrácia Antunes, *Os grupos* cit., 639-642). É lícita, todavia, a exclusão do poder de emitir *instruções desfavoráveis* (cf. art. 503º).

da responsabilidade da sociedade-mãe pelas dívidas das filiais (artigo 501º) e da obrigação de compensar as respetivas perdas (artigo 502º), formas de proteger, direta ou indiretamente, a própria sociedade subordinada, os seus credores e sócios livres (artigo 494º/2). A proteção direta dos sócios livres, nos grupos constituídos por contrato de subordinação, é prosseguida através da concessão de um direito de alienação potestativa das respetivas quotas ou ações e, em alternativa, de um direito à garantia de lucros (artigos 494º/1, 499º e 500º). Tutela-se, ainda, simultaneamente, os sócios da sociedade subordinada e da sociedade diretora com a exigência de intervenção legitimadora das assembleias gerais de ambas as sociedades no processo de constituição do grupo (artigo 496º).

Havendo um grupo, a lei considera que este abrange apenas as sociedades dirigidas por contrato de subordinação ou integralmente dominadas, conforme resulta do artigo 493º/2. De acordo com o critério legal, já não integram o grupo as sociedades em relação de simples participação (ou de participação recíproca) ou mesmo de domínio, com o sentido que veremos adiante. Numa aceção ampla, mais corrente na prática, o "grupo" integra todas as sociedades em que existam relações de participação ou de domínio, para além das sociedades em relação de grupo *stricto sensu*. Assim, por exemplo, se a sociedade A detém 100% do capital das sociedades B, C e D e cada uma destas detém 55%, respetivamente, das sociedades E, F, G, resulta do artigo 493º/2 que do grupo fazem parte apenas as sociedades A, B, C e D.

Entre as modalidades de grupo previstas na lei conta-se ainda, como dissemos, o contrato de grupo paritário. Neste, duas ou mais sociedades independentes entre si, mantendo embora formalmente as suas estruturas orgânicas, submetem-se a uma direção unitária e comum (artigo 493º/1). A relação de grupo instituída (artigo 482º, *d*)) assume carácter horizontal, distinguindo-se das relações de grupo baseadas em participação totalitária ou em contrato de subordinação, as quais, por assentarem no poder de direção de uma sociedade sobre outra, apresentam natureza vertical. A diferença essencial é que, pelo menos em teoria, não existe controlo de uma sociedade sobre outra. Sucede que a dificuldade de harmonização, em concreto, dos interesses das várias sociedades se verifica mesmo no grupo horizontal: estes são incapazes de confluir por si, em todas as hipóteses, num interesse único ou coordenado, o denominado "interesse do grupo". Deste modo, temos sublinhado que, mesmo nesta modalidade de grupo, se imporá estabelecer critérios de hierarquização e de prevalência dos interesses em causa, sem os quais fica irremediavelmente prejudicado o exercício de uma direção económica unitária das sociedades agrupadas.

Para o que aqui releva, a prática demonstra que é inevitável o surgimento de conflitos de interesses entre as sociedades, incluindo no que respeita ao acesso à informação. Nesta linha, temos entendido que não é legítimo negar a possibilidade de, no âmbito do grupo horizontal, serem emitidas instruções vinculativas para as sociedades agrupadas (*maxime*, quando tiver sido constituído órgão comum de direção e coordenação)[18] ou praticados atos que, no limite, poderão assumir natureza desvantajosa para uma ou mais empresas[19], ainda que a desvantagem influída venha a ser compensada: só assim se torna, em rigor, possível assegurar a direção económica unitária do grupo. Ou seja, mesmo os grupos horizontais não são em absoluto "grupos sem controlo", surgindo inevitavelmente no seu âmbito hipóteses (pontuais) de dependência[20], que reclamam a adoção de meios de tutela. Não é este o lugar para tratar da problemática subjacente. Aqui pretendemos apenas chamar a atenção para que, mesmo nos grupos horizontais, podem ocorrer diferendos em torno do

---

[18] Rejeitando a possibilidade de emissão de instruções vinculativas (mesmo que não desfavoráveis), cf. LIMA PINHEIRO, *Joint venture. Contrato de empreendimento comum em direito internacional privado*, Lisboa, 1998, 271.

[19] Contra a suscetibilidade de emissão de instruções prejudiciais, cf., *v.g.*, na doutrina portuguesa, ENGRÁCIA ANTUNES, *Os grupos* cit., 928; LUÍS BRITO CORREIA, *Grupos de sociedades*, em *Novas Perspectivas do direito comercial*, Coimbra, 1988, 377-399 (399); MARIA DA GRAÇA TRIGO, *Grupos de sociedades*, Separata O Direito 123 (1991), 96, para quem não parece que "as instruções efetivamente dadas possam ser mais vantajosas para uma sociedade do que para outra(s), em face (...) da natureza paritária do grupo"; na doutrina germânica, cf., *inter alia*, GROMANN, *Die Gleichordnungskonzerne im Konzern- und Wettbewerbsrecht*, Köln, Berlin, Bonn, München, 1979, 56 ss.; HOMMELHOFF, *Die Konzernleitungspflicht. Zentrale Aspekte eines Konzernverfassungsrechts*, Köln, Berlin, Bonn, München, 1982, 389, nota 74. Em sentido favorável, cf., *v.g.*, WELLKAMP, *Der Gleichordnung – Eine Konzern ohne Abhängigkeit?*, DB 50/1993, 2517--2521 (2519 e 2520); KARSTEN SCHMIDT, *Gleichordnung im Konzern: terra incognita?*, ZHR 155 (1991), 417-446 (430 ss.), enfatizando, no entanto, a exigência de compensação da sociedade prejudicada: faltando um acordo entre as sociedades sobre a referida compensação, falta a legitimidade para a gestão unitária do grupo.

[20] Do mesmo modo que vimos já que no âmbito dos grupos verticais se desenvolvem também relações horizontais.

acesso à informação, que não devem ser desconsiderados. Porém, pela sua menor incidência prática na realidade nacional, não iremos ocupar-nos desta modalidade de grupos no contexto do presente estudo.

Traçado este breve panorama das coligações legalmente qualificadas como relações de grupo, bem se vê que o critério estritamente formal utilizado pela lei torna inevitável o aparecimento de grupos de facto, em que a direção unitária assenta em instrumentos não legalmente tipificados. Quando uma sociedade for detida a menos de 100%, não se aplica o regime legal em vigor não obstante poder originar situação materialmente equiparável: obedecendo os administradores ao "capital de comando", esse singelo facto cria o espaço potencial para o aparecimento de grupos construídos sobre o "controlo", independentemente da qualificação legal atribuída à situação fáctica.

Ora, se o controlo for exercido de forma a fazer surgir uma direção unitária, a falta de regras especiais aplicáveis não elimina a especificidade dos problemas que ocorrem, semelhantes aos que são característicos dos grupos de direito. Quer o poder de direção unitária seja apenas potencial, quer seja efetivamente exercido, encontramo-nos, sempre, no âmbito das relações de domínio, dotadas de regime marcadamente insuficiente. Tal insuficiência torna-se clara, sobretudo, quando se atente na presença, no real panorama societário, de grupos de facto fortemente centralizados, em que a intensidade da direção unitária é idêntica àquela que é exercitável no âmbito das relações de grupo (artigo 503º), e onde não é possível individualizar concretas intervenções lesivas sobre a sociedade-filha, de tal maneira que os meios gerais de tutela têm dificuldade em operar eficazmente. Estes grupos de facto são frequentemente designados, na esteira da doutrina germânica, grupos de facto qualificados[21].

À luz da lei, nas situações ora descritas existe, pois, meramente uma relação de domínio e não de grupo. A noção legal de relação de domínio centra-se na suscetibilidade de exercício de influência dominante por

---

[21] Bem se compreende a sugestão do *Forum Europaeum Konzernrecht*: cf. *Por un derecho de los grupos de sociedades para Europa* (trad. esp.), RDM 232 (1999), 445-575) de fazer assentar a regulação do fenómeno no controlo. Cf. também em defesa de uma regulamentação legal baseada no conceito de controlo, ENGRÁCIA ANTUNES, *Liability of corporate groups. Autonomy and control in parent-subsidiary relationships in US, German and EU law*, Deventer, Boston, 1994, passim.

uma sociedade sobre outra. Nos termos do nº 1 do artigo 486º, "considera-se que duas sociedades estão em relação de domínio quando uma delas, dita dominante, pode exercer, directamente ou por sociedades ou pessoas que preencham os requisitos indicados no artigo 483º, nº 2, sobre a outra, dita dependente, uma influência dominante". O nº 2 concretiza depois este conceito indeterminado através de um conjunto de presunções, assentes em juízos fundamentalmente formais, que procuram ultrapassar a indefinição conceptual do nº 1 e alcançar critérios objetivos, exatos e claros no seu funcionamento, sem os quais todo o sistema normativo sobre coligações societárias ficaria em grave crise[22]. Assim, "presume-se que uma sociedade é dependente de uma outra se esta, directa ou indirectamente: a) detém uma participação maioritária no capital; b) dispõe de mais de metade dos votos; c) tem a possibilidade de designar mais de metade dos membros do órgão de administração ou do órgão de fiscalização".

Em sequência do que atrás escrevemos, as presunções das alíneas *a)* e *b)* traduzem a verificação empírica de que os administradores seguem as diretrizes ("confidenciais") dos acionistas detentores de mais de 50% das participações ou dos direitos de voto (devido ao poder de determinar a sua destituição ou reeleição: artigos 252º/2, 257º/1, 386º/2). A presunção da alínea *c)* tem, por seu lado, fundamento próximo: se uma sociedade pode designar mais de metade dos membros do órgão de administração, *maxime*, em virtude da detenção de direitos especiais, por essa via controlará também, eficazmente, o governo da sociedade. Já a possibilidade de designar mais de metade dos membros do órgão de fiscalização constitui indício de fundamento duvidoso, pelo menos fora dos casos em que a sociedade haja adotado uma estrutura germânica de organização e fiscalização (artigo 278º/1, *c)*) e ao conselho geral e de supervisão pertença a competência para a nomeação e destituição dos administradores, nos termos do artigo 441º, *a)*. Ainda assim, está sem-

---

[22] Cf. MENEZES CORDEIRO, *Manual de direito das sociedades*, vol. I, Coimbra, 2007, 991. Note-se que as presunções do art. 486º/2 são, nos termos do art. 350º/2, do CC, presunções ilidíveis. Cf., todavia, ELISEU FIGUEIRA, *Disciplina jurídica dos grupos de sociedades*, CJ XV (1990), 36-59 (47), que, em relação às alíneas *b)* e *c)*, refere que estas presunções "têm carácter absoluto, tornando mais difícil à parte interessada provar que não se verifica, nessas hipóteses, a possibilidade de exercício, directa ou indirectamente, de uma influência dominante".

pre em causa a ideia de que o poder de designar os membros do órgão será expressão (embora não causa) do controlo.

A concretização da noção de "influência dominante" oferecida pelas presunções fixadas no nº 2 do artigo 486º não esgota certamente o respetivo universo. O critério último é material, obrigando a atender ao real equilíbrio de poderes na sociedade e não à formal detenção da maioria do capital ou dos direitos de voto (tomando em consideração, *v.g.*, o grau de dispersão do capital e a consequente redução da percentagem de capital necessária ao controlo), relevando, pois, para efeitos do artigo 486º, todos os meios capazes de atribuir o poder de influenciar a gestão dos assuntos sociais. Apenas se exigirá que o domínio – localizado ao nível do órgão de gestão[23] – seja jus-societariamente organizado, traduzindo o tipo de conexão de que o direito das sociedades se ocupa[24].

Assim, podemos dizer que a "influência dominante" consiste, em termos sintéticos, no poder que assiste à sociedade dominante de, imediata ou mediatamente, agir sobre o *governo* da sociedade dependente, determinando a sua vontade juridicamente relevante[25], seja pelo poder de diretamente escolher os administradores, seja pelo poder exercido sobre a assembleia geral da controlada e inerente "força persuasiva" quanto ao comportamento dos administradores, ou ainda por meios diversos: *v.g.*, interconexões de pessoal, *maxime* administradores duplos ou comuns, participações minoritárias em contexto de dispersão do capital.

Note-se que estes são instrumentos privilegiados para o aparecimento de grupos de facto, que não podem ser ignorados quando tratamos da temática da informação. Daí que tenhamos dito que é impres-

---

[23] O controlo é, assim, influência sobre o órgão de administração e não sobre o órgão deliberativo: o controlo da assembleia releva, pois, mas apenas indiretamente, enquanto instrumento de influência sobre a administração.

[24] Conforme tem sido entendido, o controlo económico não preenche esta exigência. Cf., por todos, ENGRÁCIA ANTUNES, *Os grupos* cit., 469 ss. e 517. Na jurisprudência nacional, cf., em especial, o ac. STJ 3-mai.-2000 (Dinis Nunes), disponível em www.dgsi.pt, que considerou que, se existe uma relação entre sociedades comerciais que passa sobretudo por um controlo em termos económicos de uma das sociedades sobre a outra, subsistindo esta em função das encomendas que a primeira lhe proporciona, inexiste uma relação jurídica de domínio (total ou parcial) ou de subordinação, o que afasta o seu enquadramento no conceito legalmente definido de grupos de sociedades.

[25] Cf. PAULA COSTA E SILVA, *Domínio de sociedade aberta e respectivos efeitos*, em *Direito dos valores mobiliários*, V, Coimbra, 2004, 325-342 (334).

cindível prestar atenção individualizada aos grupos de direito e aos grupos de facto, perguntando se é possível valorizar, para efeitos do acesso à informação, a presença *fáctica* do grupo, ainda que este não seja legalmente reconhecido como tal, ou se a circulação de informação está bloqueada pelas fronteiras formais da personalidade jurídica, mesmo que estas não tenham correspondência na realidade económica.

Para terminar esta breve introdução, resta recordar que o âmbito de aplicação do Título VI sobre sociedades coligadas é fortemente restritivo, não existindo uma relação legal de domínio ou de grupo – de acordo com o artigo 481º – a não ser que as sociedades intervenientes sejam sociedades por quotas, anónimas ou em comandita por ações com sede em Portugal, o que reduz significativamente o alcance das normas em causa[26].

---

[26] Apesar das justificadas dúvidas relativas à constitucionalidade do artigo 481º/2 (à luz do artigo 13º da Constituição) e à sua compatibilidade com o direito europeu (*maxime*, com a liberdade de estabelecimento), o regime sobre sociedades coligadas do Código das Sociedades Comerciais aplica-se, apenas, quando as diversas sociedades intervenientes tenham, todas elas, sede em Portugal, excluindo-se as relações de coligação internacionais, sem prejuízo da relevância que estas podem apresentar para efeitos de outros preceitos do Código não integrados no Título VI. Altera-se, deste modo, o âmbito de aplicação que decorreria do artigo 3º do Código: uma vez que as sociedades com sede em Portugal têm como lei pessoal a portuguesa e se regem, consequentemente, pelo Código das Sociedades Comerciais, as relações de coligação em que intervêm seriam reguladas, em princípio, pelos artigos 483º ss., independentemente da sede dos restantes intervenientes. Com efeito, a lei portuguesa é aplicável na definição do complexo de direitos e obrigações dos sócios, sendo a respetiva posição definida uniformemente para todos eles, independentemente da respetiva nacionalidade. A incoerência da solução do artigo 481º é unanimemente reconhecida e não deve certamente ser alargada para além do seu já (problemático) âmbito de aplicação: de resto, como dissemos, o artigo 21º foi cuidadoso no expresso afastamento da solução.

Capítulo II
Informação e Transparência do Grupo e Relações Intragrupo

1. Transparência da estrutura do grupo. Aspetos gerais

A transparência da estrutura de propriedade da empresa é um dos aspetos centrais de bom governo das sociedades e uma exigência de proteção dos investidores, estendendo-se à informação sobre a estrutura do grupo de sociedades e às relações intragrupo. Isto mesmo resulta expressamente, por exemplo, dos *Principles of Corporate Governance* do G20/OCDE (2015). A divulgação da informação deve conferir transparência aos objetivos, natureza e estrutura do grupo.

Em termos gerais, podemos dizer que a divulgação da informação e transparência respeita não só à proteção dos intervenientes e investidores individualmente considerados mas também aos próprios mercados[27]. Apesar dos custos com a divulgação – quer os custos diretos de preparação, certificação e disseminação, quer os indiretos (*maxime*, o risco de utilização por partes terceiras, como concorrentes, sindicatos, consumidores, fornecedores, reguladores) –, não existem dúvidas de que a informação traz inúmeros benefícios, nomeadamente do ponto

---

[27] Sobre todo este ponto, cf. a análise, sintética e sistemática, de Christof Beuselinck//Marc Deloof/Sophie Manigart, *Financial reporting, disclosure and corporate governance*, em *The Oxford Handbook of Corporate Governance*, Oxford, 2013, 290-307.

de vista do governo societário, o que explica que, sem prejuízo da importância da regulação – lembre-se na Europa, paradigmaticamente, a Diretiva da Transparência[28] –, muitas das práticas informativas se desenvolvam em termos endógenos, em resposta às necessidades dos próprios mercados. A informação tem, essencialmente, duas vantagens: por um lado, reduz os custos do capital, ao diminuir os riscos de estimação (*estimation risk*) e de informação (*information risk*) e ao aumentar a liquidez das ações (em virtude do aumento que provoca na base acionista, evitando também os efeitos da seleção adversa); por outro lado, aumenta os *cash flows* esperados pelos *outsiders*, dado o maior controlo que propicia sobre os *insiders* e a redução do risco de apropriação de benefícios privados. Naturalmente que estes efeitos dependem da relevância da confiança que seja oferecida pela informação, tendo em conta o seu tipo, frequência, oportunidade e qualidade[29].

O tema tem sido explorado sobretudo nas sociedades abertas, onde a exigência de informação pelos investidores *outsiders* é maior. Nas sociedades fechadas, sejam anónimas ou por quotas, os acionistas são *insiders* e têm acesso à maior parte (ou mesmo à totalidade) da informação privada, reclamando-se, por isso, com menor intensidade a sua divulgação pública. Esta premissa revela-se, porém, desadequada em muitas situações, particularmente nas sociedades anónimas. De qualquer modo, tem-se apontado como uma das razões de não abertura de algumas sociedades precisamente os custos associados à divulgação da informação[30]. Salienta-se, da mesma maneira, que a relevância da informação é idêntica mas os objetivos com que é prestada não são os mesmos, uma vez que os seus destinatários externos não são investidores mas sim outros *stakeholders*, como bancos, clientes, fornecedores, empregados,

---

[28] Diretiva 2004/109/CE, do Parlamento Europeu e do Conselho, relativa à harmonização dos requisitos de transparência no que se refere às informações respeitantes aos emitentes cujos valores mobiliários estão admitidos à negociação num mercado regulamentado, alterada pela Diretiva 2013/50/UE, do Parlamento Europeu e do Conselho, de 22 de outubro de 2013.

[29] Cf. BEUSELINCK/ DELOOF/ MANIGART, *Financial reporting* cit., 2930. Quanto a este último aspeto, os Autores apontam os riscos de manipulação da informação divulgada e que existe um *tradeoff* entre os benefícios associados a uma divulgação integral e não manipulada e os custos das respetivas sanções, incluindo em termos de reputação.

[30] Cf. BEUSELINCK/ DELOOF/ MANIGART, *Financial reporting* cit., 300.

para quem a informação prestada, *maxime* contabilística, é importante, contribuindo para reduzir as assimetrias informativas e facilitar a contratação[31].

Naturalmente que o impacto da presença de um grupo reclama a sua transparência, ainda que este seja um tema "especialmente difícil"[32]. Os deveres de informação quanto ao grupo em si representam o reconhecimento de que este, apesar de não constituir uma unidade jurídica, se apresenta como unidade económica, tornando a sua publicitação essencial para a tutela dos diversos interesses envolvidos, sob pena de frustração dos próprios fins da informação. Já no Relatório Winter – seguido em larga medida pela *Comunicação da Comissão Europeia sobre a modernização do direito das sociedades e o reforço do governo das sociedades na União Europeia* –, a matéria da transparência da estrutura do grupo mereceu particular atenção, tendo sido recomendada uma maior publicidade relativamente às estruturas de grupo e sublinhada a necessidade de a sociedade-mãe assumir a responsabilidade pela comunicação da informação de maneira coerente e exata[33]. Também, por exemplo, no âmbito da reforma italiana de 2006, a questão foi considerada, em especial sob o ponto de vista da publicitação da própria integração das sociedades no grupo, surgindo, aliás, a transparência como tema central da reforma[34]. Idênticas preocupações são evidentes no direito português, designadamente nas exigências de consolidação das contas e de elaboração do relatório consolidado de gestão, de comunicação de aquisição de participações sociais, bem como de registo e publicação dos instrumentos de domínio. No *Report of the Reflection Group on the*

---

[31] Cf. BEUSELINCK/ DELOOF/ MANIGART, *Financial reporting* cit., 300

[32] Cf. LEENA LINNAINMAA, *Transparency of group structures and relations*, em *Panel discussion: Groups of companies and the current European Company Law framework*, European Commission: DG Internal Market and Services, Conference on European Company Law: The way forward, Bruxelas, maio 2011.

[33] Acrescentava-se a necessidade de a Comissão Europeia rever a VII Diretiva com vista a uma maior transparência financeira. Quanto à publicidade de informação não financeira, deveria assegurar-se a obtenção de uma clara imagem da estrutura do grupo, especialmente quando estejam envolvidas sociedades cotadas.

[34] Previu-se também no art. 2497-*ter* que as decisões da sociedade sujeita a direção e coordenação, se influenciadas por decisões da sociedade que exerce essa atividade, devem ser motivadas e conter indicação pontual das razões e dos interesses valorados na decisão. O desrespeito desta imposição constitui um vício que inquina de invalidade a deliberação.

Future of EU Company Law considera-se que as regras de transparência existente nos vários Estados-Membros, em virtude da transposição das diretivas europeias, são tendencialmente suficientes, não se impondo nova intervenção legislativa.

Vejamos as regras vigentes no ordenamento jurídico português com reflexos na transparência do grupo.

2. A transparência da estrutura do grupo à luz do Código das Sociedades Comerciais: deveres de comunicação de aquisição de participações sociais

O Código das Sociedades Comerciais preocupa-se naturalmente com a transparência das participações sociais no contexto do grupo (em sentido amplo), estabelecendo, quer no artigo 484º quer no artigo 486º/3, um imperativo de divulgação de participações que atinjam uma determinada fasquia do capital social, mesmo quando esta não permita ainda o controlo sobre a sociedade.

Nesta linha, lembre-se que artigo 484º consagra um dever de comunicação das aquisições e alienações de participações sociais que ocorram a partir do momento em que se constitua uma relação de simples participação entre duas sociedades. Esta modalidade de coligação, mais elementar, surge quando uma sociedade é titular de participação igual ou superior a 10% do capital social de outra, sem que entre as duas sociedades exista qualquer outra relação prevista no artigo 482º (artigo 483º). A titularidade desta percentagem de capital não confere o controlo da participada pela participante, razão pela qual não existe ainda um grupo em sentido técnico (seja *de jure* ou de facto) e a necessidade de tutela é ainda limitada: quando muito, existe o perigo de, no futuro, surgir uma situação de dependência, de tal maneira que bem se pode dizer que se verifica apenas o perigo do "perigo do grupo" mas não o "perigo do grupo" em termos atuais e determinando a imediata atuação de mecanismos de proteção. Assim, compreende-se que a lei estabeleça meros deveres de comunicação e não esquemas mais aprofundados de tutela. Sem prejuízo dos deveres de declaração e de publicidade de participações sociais na apresentação de contas, resulta do artigo 484º, muito simplesmente, que uma sociedade deve comunicar, por escrito, a outra sociedade todas as aquisições e alienações de quotas ou ações desta que tenha efetuado, a partir do momento em que se estabeleça uma relação de simples participação e enquanto o montante da participação não se tornar inferior àquele que determinar essa relação[35].

Resulta concretamente desta norma um dever de comunicação da aquisição ou alienação de participações sociais que abrange:

(i) a *aquisição que originalmente criou a relação de simples participação*: é verdade que o preceito não impõe, literalmente, a comunicação de que se constituiu uma participação igual ou superior a 10%; ter-se-á incorrido no equívoco de supor que a notificação do estabelecimento de uma relação de simples participação decorria já do hoje revogado dever de declaração do artigo 448º: o artigo 484º deve, todavia, ser interpretado no sentido de impor a comunicação da própria aquisição que origina a relação de simples participação[36];

(ii) todas as *aquisições* ocorridas posteriormente, até à cessação dessa relação;

(iii) todas as *alienações* ocorridas na vigência da relação de simples participação;

(iv) a *alienação* que determine o termo da relação em causa.

O artigo 484º não associa qualquer consequência ao incumprimento do dever de comunicação, diferentemente do que sucede no projeto de IX Diretiva sobre grupos de sociedades e na *Aktiengesetz* alemã[37]: o artigo

---

[35] De acordo com o nº 2, a comunicação é independente da comunicação de aquisição de quotas exigida pelo art. 228º/3, e do registo de aquisição de ações referido nos artigos 330º e ss., mas a sociedade participada não pode alegar desconhecimento do montante da participação que nela tenha outra sociedade, relativamente às aquisições de quotas que lhe tiverem sido comunicadas e às aquisições de ações que tiverem sido registadas, nos termos acima referidos.

[36] Cf. Osório de Castro, *Sociedades anónimas em relação de participações recíprocas: alguns aspectos do regime legal*, RDES XXXI (1989), 118-121.

[37] O Título VI do Código das Sociedades Comerciais, que regula a matéria das sociedades coligadas, teve como principais fontes a *Aktiengesetz* alemã de 1965 (cf. §§ 15-22 e §§ 291-328), os projetos de IX Diretiva das Sociedades Comerciais, sobre grupos de sociedades (a qual não veio a ser aprovada, podendo o texto traduzido da última versão do projeto, de 1984, ser consultado em Menezes Cordeiro, *Direito europeu das sociedades*, Coimbra, 2005, 751 ss.), bem como a *Lei das Sociedades Anónimas* brasileira de 1976 (arts. 243-277) e ainda a Proposta de Lei *Cousté* francesa de 1978. Não obstante as inequívocas influências externas apontadas, o Código das Sociedades Comerciais concebeu um modelo original de regulação dos grupos, sem correspondência direta em qualquer dessas legislações.

4º do projeto e o § 20, 7 da AktG preveem a suspensão do exercício dos direitos inerentes às ações cuja aquisição devia ter sido comunicada, enquanto a comunicação não for feita. Trata-se de consequência idêntica à prevista no artigo 485º/3, para a violação da obrigação de comunicação no caso de participações recíprocas. Julgamos que esta deve ser aplicada analogicamente à violação do artigo 484º[38], sem prejuízo da responsabilidade civil dos administradores (artigos 72º ss.).

Apesar de a regra em causa se reportar somente às relações de simples participação, não existindo norma equivalente para as restantes modalidades de coligações societárias (*maxime*, para a relação de domínio), a exigência de comunicação tem de valer, por maioria de razão, para as formas de integração mais intensas, de tal maneira que o artigo 484º funciona como *minimum* de proteção preventiva, comum às diversas modalidades de coligação[39].

De fora ficam apenas os casos que não se encontram cobertos pelo âmbito de aplicação do Título VI do Código das Sociedades Comerciais, que abrange exclusivamente, como vimos, as relações entre sociedades por quotas, anónimas e em comandita por ações com sede em Portugal (artigo 481º/1). Nas situações não previstas por lei, entendemos, porém, que idêntico dever de comunicação do alienante pode existir, no caso concreto, com fundamento nos deveres de lealdade: ainda que tais deveres não obstem à venda nem submetam a mesma a requisitos adicionais, existe um interesse juridicamente relevante da sociedade em conhecer a mudança do controlo, pelo que deve admitir-se tal dever de comunicação como proteção preventiva mínima.

Até à Lei nº 15/2017, de 3 de maio, que eliminou as ações ao portador, havia que contar ainda com a norma do artigo 448º, que impunha a comunicação da titularidade de participações qualificadas à sociedade e um dever de divulgação pública, os quais, para além de evidentes funções internas, apresentavam acentuado relevo externo, permitindo aos próprios sócios potenciais, credores e outras partes interessadas saber quem pode influenciar o processo decisório da sociedade, pois do quadro acionista depende, afinal, o valor das participações sociais[40]. Nesta

---

[38] Neste sentido, cf. ENGRÁCIA ANTUNES, *Os Grupos* cit., 368 ss..
[39] Cf. ANA PERESTRELO DE OLIVEIRA, em *Código das Sociedades Comerciais anotado*, art. 484º, anot. 9.
[40] Cf. PAULO CÂMARA, *Código das Sociedades Comerciais anotado*, art. 448º, anot. 4.

medida, perde relevância também o disposto no artigo 486º/3, que determina que, sempre que a lei imponha a publicação ou declaração de participações, deve ser mencionado pela sociedade presumivelmente dominante e pela sociedade presumivelmente dependente se se verifica alguma das situações que fazem presumir o domínio, nos termos do artigo 486º/2.

Os deveres de comunicação funcionam como uma forma de proteção da própria sociedade e dos sócios (para além de servirem um objetivo mais amplo de conhecimento pelo mercado). Ora, convém ter presente que, quando se trate de sociedades em nome coletivo e de sociedades por quotas, soma-se à proteção do artigo 484º, a tutela que resulta da necessidade geral do consentimento para a transmissão da parte social ou da quota (artigos 182º e 228º), com a inerente salvaguarda dos interesses da sociedade ou dos sócios, em manifestação do caráter personalístico destas sociedades (naturalmente mais intenso nas sociedades em nome coletivo, onde se reclama a autorização de todos os sócios). Tal é especialmente relevante no caso de transmissão de uma posição de controlo (ou de posição que, somada à participação já detida pelo adquirente, confira o controlo).

Nas sociedades anónimas, não há necessidade de consentimento para a transmissão das participações (artigo 328º): os deveres de comunicação e publicidade constituem, por regra, proteção suficiente no caso de transmissão do controlo, pois normalmente esta não origina um novo risco para os interesses societários. Não é assim, contudo, em todos os casos. Se por exemplo a sociedade for controlada por sujeito que não tem outras participações empresariais ("controlo simples") não se verificam especiais riscos de intervenções lesivas ao contrário do que acontece quando é controlada por sujeito que detém interesses noutras sociedades. Só neste caso há o risco de prejuízo para uma sociedade em benefício de outras. Deste modo, o controlo de sociedades não é sempre qualitativamente idêntico: o desalinhamento de interesses que está na origem do "conflito do grupo" só ocorre quando o sócio controlador prossegue interesses económicos autónomos, exteriores à sociedade (o chamado controlo interempresarial): por isso apenas nessas situações (não nas de controlo simples) a proteção das sociedades reclama regras específicas, com aptidão para fazer face à natureza permanente (e não ocasional ou acidental) dos conflitos de interesses, que revestem nos grupos caráter sistemático e institucional.

Nestes termos, a transformação do controlo simples em controlo interempresarial é equiparável, do ponto de vista do agravamento do risco para os interesses da sociedade e dos sócios, à constituição *ex novo* de uma relação de controlo (interempresarial). Mais rigorosamente, quando se gera uma relação de controlo interempresarial, tanto nos casos em que existia previamente uma relação de controlo simples como naqueles em que não havia qualquer controlo prévio, o simples dever de comunicação não é suficiente para tutelar os interesses em presença. O mesmo não sucede nas situações, já apontadas, de mudança do acionista controlador sem transformação do controlo simples em controlo interempresarial, bem como sempre que se verifique a criação originária de uma relação de controlo simples, em que a proteção preventiva mínima acautela suficientemente os interesses em causa. Trata-se, porém, de tema que ultrapassa os limites deste escrito.

No que respeita aos deveres de comunicação das participações sociais, recordamos que estes se aplicam não só às participações diretamente detidas mas também às participações indiretas. Para aferir a existência de uma coligação relevante para efeitos do Código das Sociedades Comerciais importam não só as participações detidas diretamente por uma sociedade mas também aquelas que lhe são imputáveis em função de algum fator legalmente fixado.

O artigo 483º estabelece os casos em que uma participação detida por um sujeito pode ser imputável a outro, em virtude de este materialmente controlar o exercício dos direitos que lhe são inerentes[41]. De acordo com esta norma, são contabilizadas como participações de uma sociedade não só as detidas por si diretamente, mas também aquelas de que é titular sociedade por ela dominada ou que com ela se encontra em relação de grupo, bem como as detidas por interposta pessoa:

(i) em primeiro lugar, à participação direta é equiparada a participação detida (direta ou indiretamente) por uma sociedade dependente (o que significa que a imputação é feita em cadeia);
(ii) em segundo lugar, à titularidade direta de quotas ou ações por uma sociedade é equiparada a titularidade por sociedade totalmente dominada ou subordinada (grupos verticais) ou por socie-

---

[41] Os casos de imputação são mais restritos no Código das Sociedades Comerciais do que no Código dos Valores Mobiliários.

dade com a qual foi concluído contrato de grupo paritário (grupo horizontal);

(iii) última hipótese de participação indireta é aquela que ocorre por interposta pessoa (singular ou coletiva): a participação formalmente detida por quem atua por conta de outrem (*v.g.*, através de mandato sem representação) é imputada a esta última (titular material)[42].

Resta acrescentar que, se uma sociedade participar diretamente no capital social de outra e, simultaneamente, detiver participações indiretas nesta, relevam todas as participações simultaneamente. Quando exista participação indireta, a imputação da participação ao titular material não exclui a relevância da titularidade formal para os diversos efeitos previstos na lei. Por outro lado, no caso de participações indiretas é indiferente a sede das sociedades "intermédias", bastando, para se aplicar o Código das Sociedades Comerciais, que a sociedade indiretamente participante e a participada indireta tenham sede em Portugal. O dever de publicidade aplica-se a todas as participações formais e materiais. O esquema de imputação de participações sociais contido no artigo 483º do CSC é, bem se vê, marcadamente mais simples que o previsto no Código dos Valores Mobiliários para as sociedades abertas.

3. A especial relevância da transparência da estrutura de grupo nas sociedades abertas: deveres de comunicação de participações e regras de imputação

Ao lado das normas do Código das Sociedades Comerciais referidas, o artigo 16º do Código dos Valores Mobiliários prevê um conjunto de deveres de comunicação, de "quem atinja ou ultrapasse participação de 10 /prct., 20 /prct., um terço, metade, dois terços e 90 /prct. dos direitos de voto correspondentes ao capital social de uma sociedade aberta, sujeita a lei pessoal portuguesa, e quem reduza a sua participação para valor inferior a qualquer daqueles limites". Determina a norma em

---

[42] Apesar de a letra da lei circunscrever a hipótese de relevância da titularidade através de interposta pessoa à detenção de *ações* (sociedades anónimas e sociedades em comandita por ações), o preceito deve interpretar-se extensivamente, em função da sua *ratio*, abrangendo também as sociedades por quotas.

causa que estes sujeitos devem, "o mais rapidamente possível e no prazo máximo de quatro dias de negociação após o dia da ocorrência do facto ou do seu conhecimento: a) informar desse facto a CMVM e a sociedade participada; b) dar conhecimento às entidades referidas na alínea anterior das situações que determinam a imputação ao participante de direitos de voto inerentes a valores mobiliários pertencentes a terceiros, nos termos do nº 1 do artigo 20º"[43].

Tal como no Código das Sociedades Comerciais, o Código dos Valores Mobiliários prevê, nesta última norma, uma equiparação entre titularidade formal e titularidade material de participações sociais, nomeadamente equiparando à titularidade direta a titularidade através de sociedades em relação de domínio ou de grupo, de acordo com o artigo 21º do CVM. O artigo 20º do CVM é decorrência de uma ideia central de prevalência da substância sobre a forma na determinação do "acionista", *rectius* do titular das participações[44].

É consideravelmente abrangente, aliás, o elenco das hipóteses de imputação de votos, resultante, em boa parte, da transposição da Diretiva Transparência. Independentemente do conteúdo concreto das diversas alíneas do artigo 20º do CVM, deriva do mesmo uma ideia geral de atribuição dos votos ao sujeito que efetivamente os controla, que se revela essencial para a realização dos fins da regulamentação correspondente[45], nomeadamente para efeitos de comunicação e transparência das participações.

No limite, é possível o "acionista material", ou seja, aquele que pode determinar o sentido do voto, não ser sequer "acionista formal", por não ser titular de qualquer ação. Apesar de o artigo 20º mencionar "aquele cuja participação" ultrapassa determinada fasquia de direito de voto[46], é irrelevante a reunião da qualidade de titular formal de ações. Está

---

[43] Sobre o problema aqui tratado, cf. ANA PERESTRELO DE OLIVEIRA, *A imputação de votos nas relações de domínio e de grupo: o sentido do novo nº 3 do artigo 21º do Código dos Valores Mobiliários*, RDS IX (2018), 1.
[44] Cf. no sentido da plurifuncionalidade da norma, ANA PERESTRELO DE OLIVEIRA, *OPA obrigatória e controlo indireto*, Revista de Direito das Sociedades IV (2012), 3.
[45] Também na legislação societária vigora um princípio geral de equiparação entre "acionista direto" (titular formal) e "acionista indireto" (titular material).
[46] PAULA COSTA E SILVA, *A imputação dos direitos de voto na oferta pública de aquisição*, em *Jornadas Sociedades Abertas, Valores Mobiliários e Intermediação Financeira*, Coimbra, 2007, 243-282 (254).

assente que é possível a imputação a quem não é formalmente acionista. Essa é a única solução conforme com a *ratio* das regras de imputação, que certamente não cumpririam os seus objetivos (com quebra do princípio da igualdade) quando apenas permitissem a imputação àquele que é formalmente acionista e não àquele que, apesar de não ser acionista, exerce sobre a sociedade uma influência tão ou mais intensa que este. De resto, a imputação não pode mudar consoante o titular material último seja formalmente acionista (caso em que relevariam participações diretas e indiretas) ou não seja (caso em que não relevariam as participações detidas indiretamente). Há, por isso, consenso quanto ao "participante" poder não ser formalmente titular de qualquer direito de voto e não ser, portanto, sócio da sociedade considerada, uma vez que, ainda assim, pode lograr determinar o sentido do voto e influenciar os desígnios sociais[47] O artigo 20º do CVM certamente não exige a titularidade direta das ações[48] mas tão-somente o poder de condicionar os votos.

A amplitude com que a participação indireta é equiparada à participação direta nesse preceito justifica a máxima eficácia das regras de comunicação do artigo 16º do CVM quando se trata se assegurar a transparência da estrutura do grupo. O dever de comunicação existe sempre e em todas as situações de atribuição material do controlo a sociedade diferente daquela que formalmente detém as participações sociais.

a) *Relações de domínio ou de grupo em geral (artigo 21º/1, 2 e 4, do CVM)*

O artigo 20º /1, *b)*, do CVM dispõe que, no cômputo das participações, consideram-se, além dos inerentes às ações de que o participante tenha a titularidade ou o usufruto, os direitos de voto detidos por sociedade que com o participante se encontre em relação de domínio ou de grupo. O conceito relevante de "relação de domínio ou de grupo" é o que se encontra no artigo 21º[49].

---

[47] Cf., *v.g.*, DANIELA FARTO BAPTISTA, *A atuação concertada como fundamento de imputação de direitos de voto no mercado de capitais*, Lisboa, 2016, 222.
[48] Cf. *v.g.* PAULO CÂMARA, *O dever de lançamento de Oferta Pública de Aquisição no Novo Código dos Valores Mobiliários*, CadMVM nº 7, abr. 2000, 197-268 (221).
[49] Cf. A. BARRETO MENEZES CORDEIRO, *Manual de direito dos valores mobiliários*, Coimbra, 2017.

Nos termos do nº 1, "para efeitos deste Código, considera-se relação de domínio a relação existente entre uma pessoa singular ou colectiva e uma sociedade quando, independentemente de o domicílio ou a sede se situar em Portugal ou no estrangeiro, aquela possa exercer sobre esta, directa ou indirectamente, uma influência dominante". Apela-se, pois, para o conceito, já atrás aludido, de "influência dominante" mas prevê-se, no nº 2, um conjunto de casos em que não é necessária a prova da influência dominante nem se admite prova em contrário: "existe, *em qualquer caso*, relação de domínio quando uma pessoa singular ou colectiva: a) disponha da maioria dos direitos de voto; b) possa exercer a maioria dos direitos de voto, nos termos de acordo parassocial; c) possa nomear ou destituir a maioria dos titulares dos órgãos de administração ou de fiscalização".

O sistema é, assim, diferente do que vigora no Código das Sociedades Comerciais, que, conforme analisámos, assenta numa cláusula geral de influência dominante (nº 1) e num conjunto de presunções ilidíveis (nº 2). A intenção da previsão de uma presunção *juris et de jure*[50] foi reforçar a segurança jurídica necessária para a aplicação das normas em causa. O confronto com o regime societário é relevante, reforçando a importância da imputação. Assim, sempre que uma pessoa singular ou coletiva detenha mais de metade dos votos de uma sociedade há, *inelutavelmente*, imputação.

No que respeita à relação de grupo, dispõe o artigo 21º/4 que "para efeitos deste Código consideram-se em relação de grupo as sociedades como tal qualificadas pelo Código das Sociedades Comerciais, independentemente de as respectivas sedes se situarem em Portugal ou no estrangeiro". A generalidade dos casos que recaem no âmbito do nº 4 do artigo 21º já dariam lugar à imputação por via da qualificação do artigo 21º/1: é o que sucede quando existe detenção de uma participação totalitária, que implica sempre imputação *ex vi* do artigo 21º/1 e 2, independentemente da natureza e da sede do sócio dominante[51].

---

[50] João Mattamouros Resende, *A imputação dos direitos de voto no mercado de capitais*, Lisboa, 2010, 139.

[51] Cf. Hugo Moredo Santos, *Transparência, OPA obrigatória e imputação de direitos de voto*, Coimbra, 2011, 423.

b) A imputação com base na *potencialidade* e não na *efetividade* de determinação do sentido do votos

Resulta do artigo 21º que a imputação dos votos a sujeito diferente daquele que é formalmente o seu titular não depende da demonstração de um exercício efetivo de influência sobre os votos, bastando a suscetibilidade ou o risco de essa influência poder ganhar efetividade prática, o que também maximiza a eficácia das regras de comunicação. Na verdade, há unanimidade na doutrina no sentido de que a *concretização material* do poder não é reclamada[52], como, de resto, é indiscutível à luz do sistema do Código dos Valores Mobiliários, coincidente, neste ponto, com o do Código das Sociedades Comerciais, que também se basta com a *potencialidade* de influência.

Relevam, nos termos dos artigos 20º e 21º do CVM, um conjunto de situações em que uma pessoa diferente do titular formal poderá influenciar os votos, sendo despiciendo se efetivamente o faz ou não: a imputação resulta da simples *hipótese* de influência, mesmo que esta não seja efetiva ou não se concretize. No caso das relações de domínio ou de grupo, tal é especialmente claro: nas primeiras, o artigo 21º/1 atende ao poder de *influência dominante* (que inclusivamente se presume *juris et de jure* nas situações elencadas no nº 2); nas segundas, remete-se para o Código das Sociedades Comerciais, que não exige a demonstração de que foi posta em prática a direção económica unitária subjacente ao conceito de grupo. O mesmo vale, também na legislação societária, para o conceito de relação de domínio, contido no artigo 486º. Vejamos.

Na linha do que escrevemos no primeiro capítulo, o controlo ou domínio exprime, nuclearmente, a *potencialidade* de uma sociedade impor, com intensidade variável, decisões ou comportamentos a outra sociedade (influência dominante), implicando, nessa medida, um poder direcional sobre a sociedade controlada. A influência dominante traduz a *suscetibilidade* de exercício de uma direção unitária das sociedades controladas que, obtendo eficiência operativa, tenderá a originar um grupo. A eficiência operativa não é, porém, exigida, seja pelo Código dos Valores Mobiliários seja pelo Código das Sociedades Comerciais[53].

---

[52] Cf., com mais referências, Daniela Farto Baptista, *A atuação* cit., 520 ss.
[53] Ana Perestrelo de Oliveira, *Manual de grupos de sociedades*, cit., 41.

De resto, o próprio conceito de relação de grupo não pressupõe a demonstração do efetivo exercício da direção económica unitária pela sociedade-mãe: desde que uma sociedade detenha a totalidade do capital social de outra (ou haja contrato de subordinação ou contrato de grupo paritário[54]) existe relação de grupo, aplicando-se o regime correspondente, nomeadamente a responsabilidade da sociedade-mãe por dívidas da sociedade-filha (artigo 501º) e a responsabilidade por perdas (artigo 502º). Ambas as normas são aplicáveis quer o poder de instrução que resulta do artigo 503º seja efetivamente exercido quer isso não aconteça: é suficiente a *potencialidade* de serem dadas instruções desvantajosas à sociedade-filha. Aliás, no caso do contrato de subordinação, a responsabilidade por dívidas aplica-se mesmo que o contrato tenha excluído a possibilidade de emissão de instruções desfavoráveis.

Assim, embora não se negue que o controlo não é sempre qualitativamente idêntico e que os perigos que acarreta são diferentes, a verdade é que as regras que o pressupõem aplicam-se sem distinção, tendo em vista a maximização da tutela dos interesses potencialmente atingidos. Nunca no nosso sistema jurídico se exige a demonstração de um efetivo exercício do controlo ou influência dominante, bastando, pois, a *suscetibilidade* de influência para haver imputação. Mesmo que o sujeito nenhum momento tenha interferido na gestão da sociedade que controla e seja efetivamente alheio à determinação do sentido do voto exercido pela sua controlada, há imputação.

Está em jogo, desde logo, a prevalência da segurança jurídica. Além disso, o simples perigo do exercício do poder de controlo é suficiente para que se justifique a imputação à luz da *ratio* dos preceitos considerados, em conjugação, aliás, com o facto de o sujeito controlador surgir tipicamente, e em simultâneo, como beneficiário económico último. Em termos mais simples, entendeu o legislador que, se existe o poder de determinar o sentido do voto, existem os riscos correspondentes, sem que em parte alguma do Código dos Valores Mobiliários ou do Código das Sociedades Comerciais se atribua relevância à efetividade do controlo. As relações de potencial influência representam um *risco* que tem

---

[54] Figuras estas que estão tipificadas na lei mas não existem na prática. Cf. PAIS DE VASCONCELOS, *Contratos atípicos*, 2ª ed., Coimbra, 2009, 1. Cf. MENEZES CORDEIRO, *Direito europeu das sociedades*, Coimbra, 2005, 785; ENGRÁCIA ANTUNES, *Os grupos* cit., 611, nota 1198.

de ser conhecido pelos investidores, controlado e acautelado. A solução é justa, em acréscimo, na medida em que atribui a responsabilidade a quem tem os benefícios, significando apenas conferir eficácia ao binómio *poder-responsabilidade* (fazendo jus à máxima tradicional *keine Herrschung ohne Haftung*).

A relevância da mera potencialidade de influência fica especialmente clara se atentarmos no regime da OPA obrigatória. De acordo com o artigo 187º/1, do CVM, "aquele cuja participação em sociedade aberta ultrapasse, directamente ou nos termos do nº 1 do artigo 20º, um terço ou metade dos direitos de voto correspondentes ao capital social tem o dever de lançar oferta pública de aquisição sobre a totalidade das acções e de outros valores mobiliários emitidos por essa sociedade que confiram direito à sua subscrição ou aquisição". Em conformidade com o nº 2, "não é exigível o lançamento da oferta quando, ultrapassado o limite de um terço, a pessoa que a ela estaria obrigada prove perante a CMVM não ter o domínio da sociedade visada nem estar com esta em relação de grupo".

Decorre desta norma que, mesmo quando está em causa um regime tão gravoso para o participante como o da obrigatoriedade de lançamento de oferta pública de aquisição, o respetivo afastamento não pode ser feito com base apenas na demonstração da *não efetividade* do domínio: antes tem de se demonstrar a própria *inexistência do domínio*, ou seja que não existe sequer a *potencialidade de influência*. Não basta demonstrar, pois, o não exercício ou não efetividade do controlo: reclama-se a prova negativa do domínio e da relação de grupo[55]. É aliás por esse motivo que esta possibilidade de prova negativa só existe quanto à primeira fasquia (de um terço dos votos): no caso da segunda (de metade dos votos) o domínio – enquanto *potencialidade* – existe necessariamente. Nem quando se trata de derrogar o princípio da liberdade da OPA se pergunta pelo domínio efetivo: é sempre suficiente a mera potencialidade.

Em suma, podemos afirmar com segurança que resulta de todo o direito societário e mobiliário a suficiência da *suscetibilidade* de influência sobre o voto, sem necessidade (da prova) do seu exercício efetivo. Os efeitos jurídicos legalmente previstos abdicam, em todos os casos, de

---

[55] PAULO CÂMARA, *Manual de direito dos valores mobiliários*, 3ª ed., Coimbra, 2016, 676 ss.

um juízo adicional de *efetividade*. Novamente se denota a lógica maximizadora da eficácia e alcance dos deveres de comunicação.

c) Imputação de todas as participações diretas ou indiretas independentemente da demonstração de integração económica ou de uma concertação efetiva entre empresas controladas

Tal como não se exige a concretização do poder de influência sobre o voto, também não se demanda a efetivação, pela entidade de cúpula, de uma direção económica unitária das sociedades controladas ou que por outro meio se verifique uma concertação entre estas sociedades, seja com alcance geral ou para os específicos efeitos do exercício do voto na sociedade em causa.

Basta, mais uma vez, a detenção, por exemplo, de mais de metade dos votos dessas sociedades. O poder de influência pode surgir indiretamente através de uma única sociedade, bem como pode decorrer também da intermediação de mais de uma sociedade, sem que isso implique qualquer alteração na solução de imputação. São, certamente, cumuláveis todas as participações detidas, quer direta quer indiretamente, independentemente das relações que existam (ou não) entre as diversas sociedades. Ainda que estas sejam independentes entre si, na medida em que todas elas são controladas pelo sujeito em causa, são *todas elas* potenciais instrumentos nas mãos do seu sócio (totalmente) dominante, que tem poder para determinar os votos de cada uma delas.

Não existe, pois, qualquer fundamento para excluir a imputação nos casos em que as sociedades controladas sejam independentes entre si, ou seja, quando não formem um grupo em sentido económico, por não existir entre elas integração económica. Assim como não releva o exercício efetivo do poder de influência, não releva igualmente a existência ou não de uma direção económica unitária ou uma concertação efetiva entre empresas. Nesse sentido, a imputação não só não depende de uma efetiva intervenção do ente controlador na atividade da sociedade controlada, como também não depende, certamente, (i) da implementação de uma unidade económica entre as várias controladas, (ii) da existência de administradores comuns, (iii) da intervenção recíproca nas decisões de investimento ou (iv) da influência de uma sociedade-irmã sobre a outra (está em jogo, como melhor veremos, uma imputação em sentido ascendente e não horizontal ou lateral). Importa apenas o controlo *top--down* sobre cada uma das empresas.

Diferentes são as situações de domínio conjunto[56]. Em abstrato é também admissível, na realidade, o exercício combinado da influência dominante por duas ou mais sociedades independentes entre si, que isoladamente não dispõem de um poder de controlo, mas que coordenam as respetivas atuações de modo a fazer surgir uma situação de controlo *conjunto* ou de *contitularidade da influência dominante*[57]. Neste caso, a prova da concertação é essencial uma vez que é *ela a própria fonte do poder de influência adquirido*. Sem prova da concertação não é provado o controlo, que isoladamente não assiste a qualquer das entidades.

Já nas situações de domínio simples ou individual existe uma *única entidade* que *por si* dispõe do controlo sobre a totalidade dos votos em causa: é indiferente, para os efeitos considerados, se esses votos pertencem formalmente a apenas uma ou a mais sociedades. Essa entidade controla todos os votos e, por consequência, todos lhe são imputados. É assim em todas as situações da legislação mobiliária e é igualmente assim nos termos do Código das Sociedades Comerciais, onde se somam todas as participações diretas e indiretas, única forma de não se frustrar a realização material das regras em causa[58].

Por outras palavras, a existência de relações das sociedades controladas entre si ou mesmo a concertação entre estas só poderiam relevar se estivesse em causa a imputação dos votos a essas sociedades. A razão de ser da imputação nos casos em análise não é a concertação, mas sim o poder de isoladamente uma entidade influenciar os votos por força da sua influência sobre cada uma das sociedades. Se *em potência* a faculdade de influenciar se estende a todos os votos, todos lhe são imputados. Mais não interessa à luz da lei. Também não importa a teórica possibilidade

---

[56] Sobre este, cf., em especial, Engrácia Antunes, *Participações qualificadas e domínio conjunto – A propósito do caso "António Champalimaud – Banco Santander"*, Coimbra, 2000, 74 ss.

[57] Distinta desta é ainda a situação em que, por via de pactos parassociais respeitantes ao direito de voto, seja atribuído a (apenas) uma sociedade o poder de determinar as decisões fundamentais em matéria societária: haverá, então, controlo singular e não conjunto (sobre os acordos parassociais como instrumento de domínio, cf. Engrácia Antunes, *Os grupos* cit., 499). Controlo conjunto já existirá, todavia, quando o acordo parassocial se dirija ao exercício coordenado dos direitos de voto das diversas sociedades, em termos que facultem a influência dominante de ambas, em regime de contitularidade.

[58] Cf. Ana Perestrelo de Oliveira, *Código das Sociedades Comerciais anotado* cit., 1220 e 1221.

de votação pelas sociedades em sentido diferente, visto não se aplicar a proibição de fracionamento do voto. Uma vez mais, conta, simplesmente, a mera possibilidade de controlo. Em todos os casos existe dever de comunicação.

d) A irrelevância da forma jurídica e nacionalidade do controlador

Os artigos 20º e 21º do CVM, contam um "princípio de neutralidade" ou "irrelevância da forma jurídica" do titular material das participações. As necessidades de tutela da sociedade e dos minoritários, bem como a tutela dos interesses do mercado no caso do Código dos Valores Mobiliários, não se modificam em função do sujeito controlador.

O artigo 21º/1 do CVM clarificou que pode existir uma relação de domínio que tenha como entidade dominante uma "pessoa singular ou coletiva". Através desta irrestrita imputação das participações, garante-se, com alcance alargado, tanto a transparência, como a proteção dos sócios minoritários (*maxime* em virtude da consequente aplicação dos artigos 16º e 187º) e evita-se, pois, a falha – frequentemente apontada ao Código das Sociedades Comerciais[59] – que resultaria de excluir a imputação em virtude da forma jurídica assumida pelo ente controlador, que materialmente não modifica a influência obtida pelo mesmo. É seguramente de louvar a solução do Código dos Valores Mobiliários, que atende ao facto objetivo do controlo, com indiferença pela natureza jurídica do sujeito que o exerce[60]. Também a nacionalidade dos sujeitos não releva neste âmbito. É o próprio artigo 21º/1 que o clarifica, ao afirmar que não importa a lei pessoal e o domicílio dos sujeitos, ao mesmo tempo que o artigo 21º/3, respeitante às relações de grupo, considera irrelevante as sociedades terem as respetivas sedes em Portugal ou no estrangeiro. Visa-se, mais uma vez, a realização das finalidades materiais das regras de imputação.

---

[59] Cf., por todos, ENGRÁCIA ANTUNES, *O âmbito de aplicação do sistema das sociedades coligadas*, em *Estudos em Homenagem à Professora Doutora Isabel de Magalhães Collaço*, vol. II, Coimbra, 2002, 97-116 (98-104).
[60] Cf. também DANIELA FARTO BAPTISTA, *A atuação concertada* cit., 269 ss.

e) O sentido do artigo 21º/3 do CVM, introduzido pelo Decreto-Lei nº 77/2017: imputação à "pessoa que exerce influência dominante" mas rejeição da imputação (horizontal) dos votos às sociedades sujeitas a controlo comum

De acordo com o artigo 21º/3 do CVM, "para efeitos do disposto nos números anteriores, *e sem prejuízo da imputação de direitos de voto à pessoa que exerça influência dominante*, as relações de domínio existentes entre a mesma pessoa singular ou coletiva e mais do que uma sociedade são consideradas isoladamente". A norma foi introduzida pelo Decreto-Lei nº 77/2017, de 30 de junho. O preâmbulo deste diploma lançou injustificadas dúvidas sobre o conteúdo normativo da alteração introduzida no Código[61]. Na medida em que não tem qualquer correspondência com o texto legal, o mesmo perde o seu papel de auxiliar interpretativo e certamente não altera o sentido material do preceito, que é esclarecer que, em caso de controladores comuns, a imputação é feita em sentido meramente ascendente (de cada uma das sociedades controladas para o seu ente controlador) e não em sentido também horizontal ou lateral (ou seja, das sociedades controladas entre si), nem certamente em sentido inverso (da sociedade controladora para a controlada).

---

[61] O Preâmbulo do Decreto-Lei nº 77/2017 apresenta da seguinte forma a alteração do artigo 21º: "[....] *a redução da dependência das empresas face ao crédito bancário e a dinamização do mercado de capitais, incluindo os mercados de instrumentos financeiros, como fonte alternativa de financiamento, aconselham a que se aproveite a oportunidade desta intervenção legislativa no âmbito do Código dos Valores Mobiliários para esclarecer os deveres jurídicos que oneram as sociedades integradas numa relação de domínio, para efeitos da aplicação de determinados requisitos de transparência e das regras relativas ao dever de lançamento de oferta pública de aquisição a que estão sujeitos os titulares de participações qualificadas em sociedades abertas cujas ações tenham sido admitidas à negociação num mercado regulamentado situado ou a funcionar num Estado-Membro da União Europeia. O Código dos Valores Mobiliários, na sua redação atual, corre o risco de falta de clareza e de, assim, contribuir para afastar potenciais investidores. Esta medida favorece a captação de investimento direto estrangeiro, designadamente, entidades infraestaduais estrangeiras com as suas próprias estratégias de internacionalização e de investimento".* Ora, (i) não se vê qual a falta de clareza aludida; (ii) não se identifica qualquer esclarecimento quanto aos deveres jurídicos das sociedades em relação de domínio em termos de transparência e OPA obrigatória (iii) não se vislumbra como uma regra sobre imputação dos votos, cujo conteúdo já estava materialmente contido nos nºs 1 e 2, favorece a captação de investimento direto estrangeiro; (iv) muito menos se atinge a particular referência ao desígnio de captar fundos de entidades infraestaduais estrangeiras, que certamente não mereceram (nem poderiam merecer) um tratamento legal diferenciado.

Mesmo que exista uma direção económica unitária entre as várias sociedades (e estas sejam "empresas-irmãs" num mesmo grupo) ou existam relações económicas mais ou menos intensas entre elas (e por maioria de razão se não houver), resulta da norma que a imputação não se comunica às sociedades-irmãs. É unilateral, em sentido ascendente. Concretizemos.

- Quando, apesar de existir um controlador comum, as sociedades se mantêm independentes entre si (jurídica e economicamente), certamente nem se ponderará a imputação horizontal. Embora dependentes do mesmo sócio controlador, a coincidência pessoal do acionista controlador nada muda, não havendo razões para sequer se cogitar a imputação horizontal.
- Quando as sociedades sejam juridicamente independentes entre si (por não haver formalmente entre elas qualquer relação consagrada na lei)[62] mas existam relações económicas ou mesmo uma direção económica unitária (com eventual integração das suas operações económicas, comerciais, financeiras etc.), poderia questionar-se se, além dos votos serem imputados em termos ascendentes, não deveria haver também imputação lateral ou horizontal.

O artigo 21º/3 vem confirmar a resposta negativa, que já resultava do sistema de imputação do Código dos Valores Mobiliários. Para ocorrer a imputação ou (i) existe uma relação de domínio ou de grupo entre as entidades (nomeadamente uma relação de grupo por contrato de grupo paritário) ou (ii) se demonstra outro fator de imputação, *maxime* a concertação entre as sociedades. A influência dominante comum sobre duas ou mais sociedades não permite fundar a imputação lateral dos votos. É assim (como não pode deixar de ser) na generalidade dos ordenamentos jurídicos. Na Alemanha, a título de exemplo, afirma-se expressamente que são imputados os votos das "sociedades controladas" (§ 22 WpHG), em vez de se apelar genericamente à "relação de domínio ou de grupo" – o que imediatamente significa que a imputação é feita, exclusivamente, em sentido ascendente (e não também descendente ou lateral).

---

[62] A lei não atribui relevância jurídica às relações horizontais no contexto do grupo.

É, afinal de contas, toda a lógica interna do sistema de imputação que está em jogo: este funda-se, mais uma vez, na ideia central de *atribuição dos votos àquele que materialmente os controla e não àquele que tem uma relação de proximidade ou económica com o titular formal.*

Bem se vê, pois, que o novo artigo 21º/3 vem clarificar que a presença de um controlador comum não permite assumir a existência de relações entre as controladas fundamentadoras da imputação de votos de uma à outra ou recíproca entre elas (nesse sentido, devem ser "consideradas isoladamente" as relações de domínio). Tal é decorrência das regras gerais dos artigos 20º e 21º/1 e 2. O sistema de imputação é meramente aclarado sem se modificar, por consequência, os deveres que recaem sobre os investidores.

O artigo 21º/3 do CVM significa, portanto, que os votos de uma controlada não são imputados à outra controlada e vice-versa, *apesar de continuarem a ser imputados "à pessoa que exerce a influência dominante"*. É este o sentido inequívoco do artigo 21º/3, tal como, aliás, é entendimento já manifestado pela CMVM.

A lei foi cautelosa, ressalvando expressamente que o facto de as relações verticais serem analisadas *isoladamente (ou seja, não se comunicando a imputação)* não prejudica a atribuição dos votos à "pessoa que exerce a influência dominante". Significa isto que se, por exemplo, uma pessoa singular ou coletiva controla a sociedade *A,* os votos de *A* lhe são imputáveis, e se controla a sociedade *B* os votos de *B* também lhe são imputáveis, ou seja, globalmente controla os votos de **A** e de **B**: o seu poder de influência mede-se pela soma dos votos que em conjunto controla (de *A + B*), razão pela qual outra solução frustraria a *ratio* da imputação, nos termos expostos. Trata-se de imputação cumulativa que, como dissemos, nunca ofereceu dúvidas à doutrina.

Retomando as conclusões anteriores:

(i) Aquele que detém mais de metade dos votos de uma sociedade presume-se – *juris et de jure* – que tem o poder de influência dominante sobre essa sociedade: resulta da lei uma obrigatória imputação, independente da concretização efetiva desse poder de influência (artigo 21º/1 e 2).

(ii) Se o sujeito em causa é titular de mais de metade do capital de duas ou mais sociedades, presume-se *juris et de jure* que tem o poder de influência dominante *sobre cada uma dessas sociedades*, sendo mais uma vez obrigatória a imputação, nos termos dos mesmos preceitos. Não é possível não imputar os votos de uma ou outra: a imputação *dos votos de ambas* resulta da lei.

(iii) A norma não vem prejudicar, pois, a *imputação cumulativa* de votos que resulta das normas dos artigos 20º e 21º/1 e 2: sempre que destas normas resulte a imputação, o nº 3 deste último preceito não a elimina. Certamente que esta regra não pretende determinar que quando um sujeito controla duas ou mais sociedades os votos não lhe são imputáveis mas já o são quando controla uma apenas. Está em causa, ainda e sempre, imputar os votos nos termos gerais, apenas com a particularidade de existir mais do que uma relação fundadora de imputação.

(iv) Não se trata, note-se, de imputação conjunta: cada uma das relações é analisada isoladamente e cada uma é fundamento *autónomo* de imputação. A cumulação é imperativa porque só ela traduz o real poder do sujeito na sociedade. Simplesmente, em respeito pelo artigo 21º/3, *existem sempre dois juízos autónomos de imputação e nenhum deles exclui certamente o outro*.

(v) Em suma, as regras de imputação visam atribuir os votos a quem tem o poder de controlo: ora, quem pode controlar duas sociedades pode controlar os votos de ambas. A imputação é obrigatória e necessariamente cumulativa.

(vi) Em parte alguma a lei adiciona outros requisitos: os votos imputam-se unicamente porque são votos de uma sociedade cuja vontade é controlável (potencialmente, como vimos) por outro sujeito; havendo participação indireta através de diferentes titulares, então todos os votos são imputados porque a vontade relativa a todos eles é controlável e não porque a entidade-cúpula institua uma unidade económica ou direção económica unitária.

(vii) Para haver controlo sobre os votos para efeitos de imputação não se reclama, conforme exposto, a concertação da controladora com a controlada (o sentido do domínio é unilateral e *top-down*) nem que estas se concertem ou até que se relacionem entre si. Diferente é nos casos de controlo conjunto em que existe uma co-imputação: para efeitos da imputação *ao controlador*, mantém-se a regra da irrelevância da (não) influência de uma sociedade-

-irmã sobre a outra ou da (não) intervenção na respetiva decisão de investimento, bem como da (não) dependência orgânica entre sociedades. Solução diferente seria incoerente com a presunção *juris et de jure* de influência.

4. Transparência e relato financeiro: consolidação de contas e relato de gestão consolidado

4.1. Consolidação de contas: aspetos gerais

Entramos, agora, numa outra dimensão da transparência do grupo e das relações intragrupo, respeitante à matéria do relato financeiro.

As demonstrações financeiras constituem, na verdade, vertente importante da transparência das sociedades comerciais. Como se pode ler no considerando (4) da Diretiva 2013/34/UE, do Parlamento Europeu e do Conselho, de 26 de junho de 2013, relativa às demonstrações financeiras anuais, às demonstrações financeiras consolidadas e aos relatórios conexos de certas formas de empresas[63], "as demonstrações financeiras anuais têm objetivos diversos e não se limitam a facultar informações aos investidores dos mercados de capitais, servem também para dar conta de transações anteriores e para melhorar a governação empresarial". Existindo um grupo e, portanto, uma "entidade económica única", compreende-se de igual modo a importância de serem elaboradas demonstrações financeiras consolidadas, única forma de transmitir uma imagem fiel do conjunto e de cada uma das sociedades individualmente considerada, que deixa de se apresentar em termos autónomos.

A consolidação de contas consiste, como é sabido, numa técnica contabilística que visa apresentar as contas de um grupo de sujeitos como se constituíssem uma única entidade económica: as demonstrações financeiras passam a reportar-se ao grupo como um todo (enquanto conjunto formado pela empresa-mãe e pelas suas subsidiárias), sendo as diversas entidades tratadas como entes desprovidos de autonomia.

A consolidação é legalmente imposta em situações em que a essas entidades se caracterizam por uma unidade substancial, razão pela qual devem ser consideradas, também no plano contabilístico, como uma

---

[63] Que altera a Diretiva 2006/43/CE do Parlamento Europeu e do Conselho e revoga as Diretivas 78/660/CEE e 83/349/CEE do Conselho.

unidade, tendo em conta os princípios contabilísticos aplicáveis, em especial o princípio da materialidade[64].

Nos termos do artigo 508º-A/1, os membros do órgão de administração de uma sociedade obrigada por lei à consolidação de contas devem elaborar e submeter aos órgãos competentes o relatório consolidado de gestão, as contas consolidadas do exercício e os demais documentos de prestação de contas consolidadas. Para operacionalizar a exigência, o nº 3 deste artigo obriga os gerentes ou administradores de cada sociedade a incluir na consolidação que enviem, em tempo útil, à sociedade consolidante o seu relatório e contas e a respetiva certificação legal ou declaração de impossibilidade de certificação a submeter à respetiva assembleia geral, bem como as demais informações necessárias à consolidação de contas. Trata-se dos poucos deveres de informação *upstream* legalmente consagrados como veremos no próximo capítulo (mas que têm finalidades e alcance meramente contabilístico). Para o que ora especificamente releva, o artigo 508º-E/1 impõe que a informação respeitante às contas consolidadas, à certificação legal de contas e aos demais documentos de prestação de contas consolidadas, regularmente aprovados, seja objeto de registo comercial. Já o nº 2 determina a publicitação pela sociedade, no respetivo sítio da Internet, quando exista, e na sua sede, de cópia integral do relatório consolidado de gestão, certificação legal das contas consolidadas e parecer do órgão de fiscalização, se existir.

O regime nacional sobre consolidação de contas está essencialmente contido no Decreto-Lei nº 158/2009, de 13 de julho, na redação dada pelo Decreto-Lei nº 98/2015, de 2 de junho[65], e tem a sua origem no direito europeu, onde a matéria é hoje regulada pela Diretiva 2013/34//UE, do Parlamento Europeu e do Conselho, de 26 de junho de 2013. Este Decreto-Lei exclui, porém, do seu âmbito as entidades cujos valores mobiliários estejam admitidos à negociação num mercado regulamentado, estatuindo que estas devem elaborar as suas contas consolidadas

---

[64] Cf. MENEZES CORDEIRO, *Introdução ao Direito da prestação de contas*, Coimbra, 2008. Sobre os diferentes métodos de consolidação, cf. ANA MARIA RODRIGUES/RUI PEREIRA DIAS, *Código das Sociedades Comerciais em Comentário*, vol. VII, Coimbra, 2014, 355 ss.

[65] O qual revogou o artigo 3º do Decreto-Lei nº 238/91, de 2 de julho (alterado pelo Decreto-Lei nº 127/95, de 1 de junho e pelo Decreto-Lei nº 35/2005, de 17 de fevereiro).

de acordo com as normas internacionais de contabilidade (NIC) adotadas nos termos da regulamentação europeia (artigo 4º).

Atualmente, é aplicável, pois, a estas entidades o Regulamento (CE) 1126/2008, múltiplas vezes alterado (por último pelo Regulamento 2016/1703 da Comissão, de 22 de setembro de 2002), que precisamente adota determinadas normas internacionais de contabilidade, na sequência do Regulamento (CE) nº 1606/2002. Este veio determinar que, em relação a cada exercício financeiro com início em ou depois de 1 de Janeiro de 2005, as sociedades regidas pela legislação de um Estado-Membro cujos títulos são negociados publicamente devem, em determinadas condições, elaborar as suas contas consolidadas em conformidade com as NIC.

Ora, no tema que nos ocupa, foi publicada, em 12 de maio de 2011, pelo *International Accounting Standards Board* (IASB), a Norma Internacional de Relato Financeiro (IFRS) 10 Demonstrações Financeiras Consolidadas[66], cujo objetivo é fornecer um modelo de consolidação único, que identifica a relação de controlo como base para a consolidação de todos os tipos de entidades. A IFRS 10 substituiu a IAS 27 Demonstrações Financeiras Consolidadas e Separadas e a Interpretação 12 do *Standing Interpretations Committee* (SIC) Consolidação – Entidades com Finalidade Especial (SIC-12). Tal levou a que o Regulamento 1254/2012 viesse a aprovar a IFRS 10, objeto de posteriores alterações, por último levadas a cabo pelo referido Regulamento 2016/1703. De acordo com a IFRS 10, aplicável, pois, às empresas-mãe cotadas, a consolidação assenta, então, na noção de controlo, considerando-se que um investidor controla a investida quando está exposto ou tem direito a retornos variáveis do seu envolvimento com esta ou tem a habilidade de afetar o lucro através do seu poder sobre a mesma[67].

Por sua vez as entidades não cotadas podem, nos termos do artigo 4º/4 do Decreto-Lei nº 158/2009, optar por seguir as NIC, mas não estão a tanto vinculadas. Aplica-se-lhes, antes, em princípio, o regime geral desse diploma. Independentemente da análise específica detalhada das

---

[66] Para além da IFRS 11 Acordos Conjuntos, da IFRS 12 Divulgação de Interesses Noutras Entidades, bem como versões alteradas da Norma Internacional de Contabilidade (IAS) 27 Demonstrações Financeiras Separadas e da IAS 28 Investimentos em Associadas e Empreendimentos Conjuntos.

[67] Cf., sobre esta noção, ANA MARIA RODRIGUES/RUI PEREIRA DIAS, *Código* cit., 363 ss.

fattispecies que determinam a obrigatoriedade da consolidação de contas, a todas elas claramente subjaz a ideia de *unidade de gestão* ou *direção económica unitária*: a lei ignora a autonomia formal entre as entidades e tem em consideração assim a unidade que as mesmas representam enquanto "grupo", ainda que o termo não seja pela lei utilizado. A ideia é, na verdade, sempre a da unidade própria do grupo: as entidades do grupo atuam como "um único sujeito", pelo que se justifica a agregação das suas contas, na medida em que comnstituem materialmente um grupo.

Como já notou ENGRÁCIA ANTUNES[68], a forma como são recortados os conceitos de "controlo", de "empresa-mãe" e de "subsidiária" no artigo 2º do Decreto-Lei nº 158/2009, de 13 de julho não comporta a distinção entre "controlo" e "grupo", à semelhança, aliás, do que sucede noutros regimes jurídicos.

A consolidação é *sempre* consequência da *unidade*, sendo função das regras jurídicas impositivas da obrigação de apresentação de demonstrações financeiras consolidadas a identificação das situações em que essa unidade materialmente se verifica. Quando exista unidade deve haver consolidação.

Assim, há lugar a consolidação de contas sempre que – e apenas quando – exista uma unidade formada pela empresa-mãe e pelas subsidiárias, resultante do controlo (sem prejuízo dos casos de dispensa de consolidação nos grupos de pequena dimensão, em conformidade com o artigo 7º).

No caso encontramo-nos apenas perante um de vários lugares do ordenamento jurídico em que se confere relevo à unidade do grupo. A unidade de gestão – que parte, aqui, como melhor veremos, do "poder de gerir as políticas financeiras e operacionais de uma entidade ou de uma atividade económica" – é assim o fundamento último da obrigação de consolidação. É a assimilação entre empresa-mãe e controladas e a "direção económica unitária" que fazem com que as contas devam ter em consideração o plano do grupo como um todo. E é, pois, de acordo com esta *ratio* que a regra deve ser interpretada: os conceitos de "controlo", "empresa-mãe" e "entidades sob o seu controlo" são utilizados precisamente para garantir que, havendo unidade económica, as contas são construídas e apresentadas de forma que a refletem. Estamos, quando

---

[68] Cf. ENGRÁCIA ANTUNES, *Os grupos* cit., 197, nota 382.

confrontados com o regime jurídico da consolidação de contas, perante "conceitos funcionais" ou "conceitos determinados pela função".

4.2. O Decreto-Lei nº 158/2009 e a Norma Contabilística e de Relato Financeiro 15 (Aviso nº 8256/2015, de 29 de julho)

Nos termos expostos, o artigo 2º do Decreto-Lei nº 158/2009, de 13 de julho recorre, como fundamento da consolidação, aos conceitos de "controlo", de "empresa-mãe" ou "entidades sob seu controlo". Tendo em conta a redação dada àquele diploma pelo Decreto-Lei nº 98/2015, de 2 de junho:

(i) "Controlo" é o "poder de gerir as políticas financeiras e operacionais de uma entidade ou de uma atividade económica a fim de obter benefícios da mesma" (art. 2º/1, *a*));

(ii) "Empresa-mãe" é "uma entidade que detém uma ou mais subsidiárias" (art. 2º/1, *c*));

(iii) "Subsidiária" é uma entidade, ainda que não constituída sob a forma de sociedade, que é controlada por uma outra entidade, designada por empresa-mãe, incluindo qualquer subsidiária da empresa-mãe de que essa empresa depende em última instância" (art. 2º/1, *d*)).

Releva, como se vê, a materialidade e não a natureza jurídica das entidades envolvidas, que não condiciona a aplicabilidade do regime contabilístico de consolidação.

O Decreto-Lei nº 158/2009, na sua versão atual, tem origem no regime da Diretiva 2013/34/EU, que, no artigo 2º/9, define "empresa-mãe" considerando-a "uma empresa que controla uma ou mais empresas filiais", e "filial" "uma empresa controlada por uma empresa-mãe, incluindo qualquer empresa filial da empresa-mãe de que essa empresa depende em última instância". As empresas sob controlo são definidas no art. 2º/1, *f*), da Diretiva da Transparência (Diretiva 2004/109/CE), que estabelece que "empresa controlada" é (i) uma empresa na qual uma pessoa singular ou coletiva dispõe da maioria dos direitos de voto; ou (ii) relativamente à qual uma pessoa singular ou coletiva tem o direito de nomear ou destituir a maioria dos membros dos órgãos de administração, gestão ou fiscalização, sendo ao mesmo tempo acionista, ou membro, da empresa em questão; ou (iii) relativamente à qual uma pessoa singular ou coletiva é um acionista ou membro e controla por si só a maioria dos direitos de voto dos acionistas ou membros, respetivamente, por força de um acordo celebrado com outros acionistas ou membros da empresa em questão; ou (iv) sobre a qual uma pessoa singular ou coletiva tem poder para exercer, ou exerce efetivamente, influência dominante ou controlo. Como se vê, o conceito não é substancialmente distinto do da legislação nacional.

Sem prejuízo do regime legal, o lugar central na regulação da matéria das contas consolidadas é ocupado pela Norma Contabilística e de Relato Financeiro 15 (NCRF 15)[69], relativa ao investimento em subsidiárias, aplicável, então, na preparação e apresentação de demonstrações financeiras consolidadas de um grupo de entidades sob o controlo de uma empresa-mãe, desde que esta não esteja dispensada de apresentar demonstrações financeiras consolidadas nos termos legalmente previstos.

De acordo com esta NCRF, o "controlo" é o poder de gerir as políticas financeiras e operacionais de uma entidade ou de uma atividade económica a fim de obter benefícios da mesma, presumindo-se que existe controlo sobre outra entidade quando a empresa-mãe detém mais de metade dos direitos de voto da outra entidade, a menos que seja possível demonstrar que essa propriedade não constitui controlo.

Acrescenta a mesma norma que, ainda que a empresa-mãe não detenha mais de metade dos direitos de voto da outra entidade, ela pode ter o controlo se: a) tiver poder sobre mais de metade dos direitos de voto da outra entidade em virtude de um acordo com outros investidores; ou b) tiver poder para gerir as políticas financeiras e operacionais da outra entidade segundo uma cláusula estatutária ou um acordo; ou c) tiver poder para nomear ou demitir a maioria dos membros do órgão de gestão da outra entidade; ou d) tiver poder de agrupar a maioria de votos nas reuniões do órgão de gestão da outra entidade.

---

[69] As normas contabilísticas e de relato financeiro foram aprovadas pelo Aviso nº 8256/2015, publicado no DR de 29 de julho de 2015.

4.3. O fundamento da consolidação: a unidade decorrente do controlo

4.3.1. O conceito de controlo como "conceito funcional" ou "conceito determinado pela função"

Já vimos que quer o Decreto-Lei nº 158/2009 quer a NCRF 15 constante do Aviso nº 8256/2015, de 29 de julho recorrem ao conceito de controlo para delimitar o perímetro das entidades cujas contas devem ser consolidadas. Quando uma entidade controla outra existe, entre elas, a unidade de gestão que justifica a consolidação. O conceito de controlo surge, conforme referido, concretizado quer no regime legal quer no Aviso em termos próprios.

Na verdade, como já temos tido oportunidade de apontar, não existe, no ordenamento jurídico português, um conceito geral de "controlo". A noção não se encontra assente com alcance geral, havendo que contar com conceitos diversos, variáveis em função da área normativa em que se enquadram e dos objetivos especificamente visados por cada regulação setorial.

O mesmo se passa noutros ordenamentos jurídicos, com especial destaque para o italiano, onde expressivamente já se escreveu que "o quadro global que emerge é (...) de uma proliferação de noções de controlo (em número bem superior à dezena), de uma nem sempre fácil identificação dos limites das diversas *fattispecie* (...), de uma demasiado frequente incerteza sobre a relevância dos interesses e dos objetivos que subjazem à escolha de uma nova definição, de recorrentes interrogações sobre a coerência da extensão da noção de controlo acolhida (e dos instrumentos utilizados para desenhar tal extensão) face ao fim prosseguido"[70].

Além das noções de "controlo", importa considerar igualmente o equivalente semântico "domínio". Os termos "domínio" e "controlo" são, na realidade, empregues indistintamente na ordem jurídica portuguesa, ainda que se identificasse tradicionalmente uma tendencial pre-

---

[70] MARCHETTI, *Sul controllo e sui poteri della controllante*, em *I gruppi di società. Atti del Convegno Internazionale di Studi, Venezia, 16-17-18 novembre 1995*, vol. II, Milano, 1996, 1547-1564 (1547 e 1548).

ferência pelo primeiro. Já RAÚL VENTURA[71] escrevia que optava por "falar de *domínio* em vez de *controlo*, embora não [...] escandalizasse o uso da segunda palavra, introduzida na nossa língua ao que parece por falta de palavra portuguesa que exprimisse perfeitamente o sentido do francês *controle*"[72]. Desde então têm surgido, nos termos indicados, novas referências normativas ao "controlo", em áreas diversas, normalmente por influência europeia.

As diferenças, técnicas e substanciais, entre as noções de "controlo" utilizadas pelo legislador português suportam dificilmente, em termos dogmáticos, uma unificação conceptual, que possa abarcar os critérios das diversas legislações, o que tem levado a reconhecer o "controlo" como "categoria jurídica gradativa" ou mesmo como tipo[73], sem prejuízo do frequente reenvio hermenêutico para o "conceito nodal"[74] de domínio, constante do Código das Sociedades Comerciais.

A multiplicação de conceitos diversos dentro de um mesmo ordenamento jurídico[75] e de ordenamento para ordenamento – num quadro que já foi qualificado como de "verdadeira e própria babel da linguagem"[76] – obriga a identificar o conceito de "controlo" relevante

---

[71] *Participações dominantes: alguns aspectos do domínio de sociedades por sociedades*, Separata da ROA, s/local, s/data. 4 e 5.

[72] O autor explicava ainda que, "como, porém, outras leis portuguesas falam em *domínio* e ainda para evitar confusões com as 'sociedades de controlo' reguladas pelo citado Decreto-Lei [nº 271/72] (...), fixar-nos-emos no termo *domínio* (...). Nenhuma diferença, contudo, estabelecemos para este efeito entre *controlo* e *domínio*, observação justificada porque tal distinção aparece pelo menos num autor italiano (PASTERIS, pág. 83), para quem *controlo* significa a sujeição de um determinado empresário (social ou não) à influência de um outro sujeito, influência exercida sobre a actividade de gestão do controlado e *domínio* é a possibilidade de dispor dos interesses confluentes na sociedade, a soberania sobre a comunidade dos interesses (haveria assim sociedades controladas mas não dominadas – hipóteses de controlo externo – e sociedades dominadas mas não controladas – quando o accionista maioritário não exerce a sua influência relativamente ao órgão administrativo)" (*Participações* cit., 5).

[73] Assim, PAULO CÂMARA, *O governo das sociedades e a reforma do Código das Sociedades Comercias*, em *Código das sociedades comerciais e governo das sociedades*, Coimbra, 2008, 145.

[74] ENGRÁCIA ANTUNES, *Participações* cit., 53.

[75] SBISÀ, *Società e imprese controllate nel d.l. 9 aprile 1991, n.127*, Riv. soc. ano 37º, 1992, 906-922 (916), refere que a configuração plural da relação de controlo constitui um aspeto particular do fenómeno geral de decomposição e fragmentação dos institutos que percorre praticamente todos os setores do direito e é reflexo da complexidade das relações sociais que muito dificilmente podem ser unificadas em categorias gerais.

[76] MARCHETTI, *Sul controllo* cit., 1548.

para os efeitos específicos em jogo, atendendo à dificuldade de identificar um paradigma comum[77].

Não obstante, o conceito de controlo é um conceito funcional ou de escopo (*Zweckbegriff*), o que determina que, perante a difusão de conceitos equivalentes ou, pelo menos, linguística e semanticamente próximos, e a inexistência de uma noção naturalística ou ontológica de controlo ou influência dominante, cabe interpretar esses conceitos em função do fim normativo que servem, sem procurar uma noção uniforme.

O controlo é, com efeito, um conceito fundamentalmente normativo (não ontológico ou pré-jurídico) *determinado pela função*: mais do que simples conceito técnico-jurídico, no seu conteúdo a relação de sentido subjacente a uma regulação baseada num princípio determinante continua a ser identificável[78]. Enquanto conceito de natureza teleológica, cujo preenchimento pressupõe a consideração do princípio jurídico que lhe está subjacente, o controlo garante a aplicação equitativa das normas e princípios que o implicam, permitindo a realização de certo programa normativo unitário. O conceito delimitado pela função incorpora, na verdade, o princípio que lhe serve de base, assegurando assim as condições da unidade de valoração pretendida.

No caso do controlo, a subsunção, como processo tipicamente isento de valoração, não é possível, sendo sempre o intérprete-aplicador remetido para o princípio jurídico que enforma o conceito. A aplicação do conceito teleológico é, pois, um processo valorativo, à semelhança do preenchimento do tipo.

Lembremos, aliás, que, em geral, tipo e conceito não se contrapõem de forma rígida: antes admitem pontos de comunicação e, não raramente, a descrição do tipo surge como estádio anterior à formação do conceito. Desta forma, subjacente ao conceito teleológico está o tipo em sentido estrutural. Um e outro não são, portanto, incompatíveis. Não deve, por isso, sobrevalorizar-se a qualificação do controlo como conceito (desde que entendido em sentido teleológico) ou como tipo. Importante sim é notar que o conceito, apesar de utilizado em dife-

---

[77] Como sublinha, com razão, Di Sabato, *Concentrazioni e gruppi nel diritto interno*, GiurCom 15.4, jul.-ag. 1988, 529-547 (530), "a confusão verbal é sempre confusão dos conceitos: o que sugere atermo-nos à disciplina positiva e à consideração dos interesses a regular".

[78] Larenz, *Metodologia da ciência do direito* (trad. port. da 6ª ed. alemã de 1991), Lisboa, 1997, 686.

rentes contextos, tem, ainda assim, uma unidade funcional, assente na ideia de influência de uma entidade sobre outra[79].

Da configuração do controlo como conceito determinado pela função resulta que na interpretação da noção específica de controlo temos sempre de ter em vista os seus objetivos. Se, nos termos expostos, o conceito de controlo serve a delimitação do perímetro das entidades sujeitas a consolidação, na sua base está a ideia de unidade económica entre as entidades controladora e controlada(s), que obriga à apresentação consolidada das contas, única forma de assegurar, por sua vez, a realização dos valores e princípios vigentes em matéria contabilística.

4.3.2. "Decomposição" do conceito de controlo para efeitos de consolidação

De acordo com o regime legal referido e a NCRF 15, por "controlo" deve entender-se *o poder de gerir as políticas financeiras e operacionais de uma entidade ou de uma atividade económica a fim de obter benefícios da mesma*, presumindo-se que existe controlo sobre outra entidade quando a empresa-mãe detém mais de metade dos direitos de voto da outra entidade, a menos que seja possível demonstrar que essa propriedade não constitui controlo.

Cabe decompor a noção: controlo implica (i) poder de gestão (ii) das políticas financeiras e operacionais (iii) com o fim de obter benefícios da atividade económica em causa.

a) Poder de gestão

Na esteira do regime legal vigente, a NCRF 15 exige, em primeiro lugar, nos termos expostos, que a entidade-mãe detenha o "poder de gestão" das políticas financeiras e operacionais de outra entidade ou atividade económica.

Note-se que a expressão utilizada afasta-se da mais comum referência ao "poder de influência dominante", a que diversas vezes já aludimos, razão pela qual se justifica questionar se este poder de gestão tem

---

[79] Cf. LAMANDINI, *Il "controlo" Nozione e "tipo" nella legislazione economica*, Quaderni di Giur-Com 155, Milão, 1995, 225, afastando, corretamente, as visões do controlo como mero termo polissémico dotado de tantas funções independentes entre si quantos os contextos normativos em que surge, o que tornaria impossível encontrar um núcleo caracterizador.

sentido diverso. Lembre-se o exemplo nuclear do conceito de domínio – equivalente semântico do "controlo" – constante do artigo 486º, nos termos do qual se verifica uma relação de domínio quando existe o poder de influência dominante de uma sociedade sobre outra, com o sentido que já expusemos: *suscetibilidade* de exercício de uma direção unitária das sociedades controladas. Sempre uma sociedade dispõe de influência dominante sobre uma ou mais sociedades encontra-se em condições de exercer a *direção unitária* das sociedades envolvidas. O apelo ao "poder de gestão" na NCRF em apreço não é substancialmente diverso: está necessariamente em causa um *poder de efetiva direção* da sociedade dominante. Poder de gerir é poder de intervir na administração logrando impor a adoção de atos e medidas suscetíveis de instituir uma direção unitária da entidade "controlada".

A exigência de que a entidade-mãe tenha o "poder de gestão", devidamente interpretada, em termos objetivos e sistemáticos, no contexto do ordenamento jurídico português, tendo em conta o confronto com os regimes jurídicos apontados, significa que tem de existir entre as sociedades uma *unidade económica* potencial, o que é coerente com a função que, como vimos, o conceito de controlo desempenha no regime jurídico em jogo. Assim, a alusão ao poder de gestão obriga, em conformidade com a *ratio legis*, à existência de uma unidade económica ou, pelo menos, ao poder de exercício efetivo de uma direção económica unitária.

Não vigora na realidade socioeconómica um modelo único de "direção unitária", podendo esta revestir uma multiplicidade de formas e envolver uma ingerência mais ou menos penetrante e incisiva na gestão da entidade controlada[80]. Todavia, para que exista poder de gestão – e, portanto, controlo – para efeitos do regime em causa – é necessário que a entidade-mãe seja efetivamente capaz de estabelecer uma direção económica unitária.

Repare-se que o regime é significativamente exigente ao aludir diretamente ao *"poder de gestão"* e não ao *"poder de influência"* sobre a gestão. Seguramente está em causa mais do que uma "influência significativa" sobre a gestão, a qual é definida, nas NCFRs como "o poder de participar nas decisões das políticas financeira e operacional da investida ou

---

[80] Cf. PAVONE LA ROSA, *Nuovi profili della disciplina dei gruppi societari*, Riv. soc. ano 48º, jul.-ag. 2003, 765-779 (773).

de uma atividade económica mas que não é controlo nem controlo conjunto sobre essas políticas. A influência significativa pode ser obtida por posse de ações, estatuto ou acordo".

b) Gestão das políticas financeiras e operacionais de uma entidade ou atividade económica

O regime em análise refere-se ao poder de gestão *das políticas financeiras e operacionais* de uma entidade ou atividade económica.

O poder de gerir as políticas financeiras implica que a empresa-mãe é capaz de centralizar a política de financiamento do "grupo" (em sentido contabilístico, enquanto conjunto da empresa-mãe e subsidiárias). Ora, o controlo sobre a área financeira, da qual depende toda a gestão do "grupo", é, compreensivelmente, condição necessária da existência de uma situação de controlo relevante[81]. Controlo sobre a política financeira significa o poder de a entidade-mãe tomar as decisões relativas à obtenção dos capitais necessários ao financiamento da subsidiária, nomeadamente no que se refere à opção por capitais próprios e alheios e ao seu equilíbrio e repartição na estrutura de capitais, e demais aplicações financeiras.

O poder de gestão das políticas operacionais reporta-se, como o próprio nome indica, à gestão das operações da empresa, envolvendo processos administrativos, de produção, compras, vendas, entre outros. Estão em causa quer funções básicas (*Grundfunktionen*) – i.e., aquisição, produção e vendas – quer funções acessórias ou instrumentais (*Instrumente oder Mittel unternehmerischer Tätigkeit*)[82].

Ao fazer apelo ao poder de gestão das políticas financeiras *e* operacionais a lei adota uma postura exigente, na medida em que estas constituem condição necessária mas também suficiente da implementação de uma unidade de direção. Assim, a entidade que tenha o poder de gestão das políticas financeiras e empresariais tem, *in totum*, o poder de dirigir a empresa, i.e., tem o poder de direção económica unitária. A suscetibilidade de planeamento unitário da área financeira e operacional, facultada pelo poder de gestão em causa, é, afinal, poder de gestão

---

[81] A relevância preponderante da política de financiamento é particularmente enfatizada por UWE H. SCHNEIDER, *Das Recht der Konzernfinanzierung*, ZGR 3/1984, 499-537 (498).
[82] Cf. v.g. SENGER/JOEHNE, *Münchener Kommentar zur Bilanzrecht*, 2013, Rn. 29.

da empresa como um todo. Por outras palavras, o controlo das políticas financeiras e operacionais envolve o controlo da empresa em si, tendo em conta a interdependência das funções da empresa ou funções económicas.

Confirma-se, novamente, a ideia de *unidade de gestão* (real ou potencial). Esta, aliás, resulta clara, na linha do que vimos escrevendo, na própria Diretiva *supra* referida, em cujo Considerando 31 se pode ler: "as demonstrações financeiras consolidadas deverão apresentar as atividades da empresa-mãe e das suas filiais *como uma entidade económica única (um grupo)*. As empresas controladas pela empresa-mãe deverão ser consideradas empresas filiais. O controlo deverá basear-se na detenção da maioria dos direitos de voto, mas pode também haver controlo baseado em acordos com outros acionistas ou sócios. Em determinadas circunstâncias, pode ser efetivamente exercido controlo se a empresa-mãe for acionista minoritária ou não detiver nenhuma das ações ou quotas na filial. Os Estados-Membros devem ter o direito de exigir que sejam incluídas nas demonstrações financeiras consolidadas as empresas que não estejam sujeitas a um nexo de controlo mas sejam geridas numa base unificada ou tenham um órgão comum de administração, gestão ou supervisão".

O apelo feito, no regime nacional, à gestão das políticas financeiras e operacionais tem significado, em rigor, equivalente ao apelo à ideia de unidade económica.

c) Com o fim de retirar benefícios da mesma

Último elemento constante da noção de controlo que aqui analisamos é de índole teleológica ou finalística e exprime a necessidade de o poder de gestão da entidade controladora visar retirar benefícios da atividade económica em seu favor. Está em causa, na verdade, não apenas o poder de gerir as políticas financeiras e operacionais de uma entidade ou de uma atividade económica mas especificamente "a fim de obter benefícios da mesma". Esta referência revela uma intenção restritiva mais acentuada, na medida em que não tem equivalente noutros lugares normativos paralelos. A restrição é justificada, sobretudo, porque, ao contrário do que acontece noutras normas – como a do artigo 486º –, não releva apenas a influência jus-societariamente organizada. O controlo externo – assente numa relação contratual – também é suscetível de gerar a obrigação de consolidação, razão pela qual o legislador teve a necessidade de evitar uma excessiva expansão da regra restringindo as situações relevantes àquelas em que exista uma orientação do poder de gestão financeira e operacional para a apropriação de benefícios da atividade económica por parte da entidade controladora. Fora do campo de aplicação da presunção do nº 1 o elemento teleológico tem de ser demonstrado.

4.3.3. Presunção de controlo

A técnica utilizada pelas disposições em causa assenta num conceito geral de controlo ao qual se associa uma presunção nos casos em que a empresa-mãe detém mais de metade dos direitos de voto da outra entidade, a menos que seja possível demonstrar que essa propriedade não constitui controlo. Vale a regra geral do nosso ordenamento jurídico de que as presunções são ilidíveis (artigo 350º/2 do Código Civil), salvo quando expressamente indicado o contrário. A presunção de controlo com base na titularidade de mais de metade dos votos funda-se na experiência de que aquele que controla a assembleia geral controla a administração da sociedade, uma vez que é este órgão que elege e destitui o órgão de administração.

O recurso a presunções constitui técnica frequente quando se trata de densificar o conceito de controlo, com vista a atenuar a sua fluidez e indeterminação e garantir a segurança jurídica necessária. Lembre-se, por exemplo, que também o artigo 486º/2 inclui, como vimos, um conjunto de presunções, construídas através de critérios fundamentalmente formais, mas baseados na experiência real: os administradores seguem as diretrizes dos acionistas detentores de mais de 50% das participações ou dos direitos de voto (devido ao poder de determinar a sua destituição ou reeleição – cf. artigos 252º/2, 257º/1, 386º/2); por outro lado, se uma sociedade pode designar mais de metade dos membros do órgão de administração por essa via controlará também, eficazmente, o governo da sociedade; por fim, a possibilidade de designar mais de metade dos membros do órgão de fiscalização constitui, também, indício do referido controlo.

Naturalmente que, como dissemos, a concretização da noção de "influência dominante" oferecida pelas presunções não permite esgotar o respetivo universo. O mesmo se passa no caso em análise. Não está excluída a existência de controlo quando a presunção não se encontra preenchida mas esta carece de ser autonomamente demonstrada por quem pretenda fazer valer-se das consequências que lhe estão legalmente associadas. Repare-se que as restantes situações elencadas na NCFR 15 não correspondem a presunções de controlo, como vemos de seguida. O que resulta deste regime é que, mesmo que não esteja verificada a presunção, pode haver controlo – que terá de ser demonstrado – se ocorrer alguma das *fattispecies* aí referidas.

4.3.4. Outras situações de controlo e não inversão do ónus da prova

Para além da simples detenção da maioria do capital social, a sociedade pode ter o controlo, portanto, se: (i) tiver poder sobre mais de metade dos direitos de voto da outra entidade em virtude de um acordo com outros investidores; ou (ii) tiver poder para gerir as políticas financeiras e operacionais da outra entidade segundo uma cláusula estatutária ou um acordo; ou (iii) tiver poder para nomear ou demitir a maioria dos membros do órgão de gestão da outra entidade; ou (iv) tiver poder de agrupar a maioria de votos nas reuniões do órgão de gestão da outra entidade.

Optou-se, nestes casos, por não consagrar presunções de controlo: o confronto sistemático com a presunção vigente no caso de titularidade de metade dos votos é claro. Nas situações agora elencadas *pode haver* controlo, é certo, mas este não se presume. Pelo contrário, para além de se demonstrar a verificação de uma das situações suscetíveis de originar o controlo tem de se provar, efetivamente, que as mesmas conferem o referido poder de gestão das políticas financeiras e operacionais de uma entidade ou atividade económica a fim de obter benefícios da mesma. São as seguintes as situações contempladas na NCFR 15:

a) *Poder sobre mais de metade dos direitos de voto da outra entidade em virtude de um acordo com outros investidores*
Releva não apenas a *titularidade* do voto mas o poder de determinar o seu sentido através de acordos celebrados com outros investidores: é o caso dos acordos parassociais que frequentemente determinam uma distribuição do poder de voto distinta daquela que resulta do capital social ou até da detenção formal dos votos.

b) *Poder para gerir as políticas financeiras e operacionais da outra entidade segundo uma cláusula estatutária ou um acordo*

A lei admite que o poder de gerir as políticas financeiras e operacionais resulte de cláusula estatutária ou de um acordo: apesar da tentativa de concretizar o conceito de controlo, pouco acrescenta, na realidade, esta especificação face ao conceito geral de controlo, a não ser o esclarecimento de que também é relevante o controlo externo, não organizado em termos jus-societários.

c) *Poder para nomear ou demitir a maioria dos membros do órgão de gestão da outra entidade*
Se uma entidade pode designar mais de metade dos membros do órgão de administração (*maxime*, em virtude da detenção de direitos especiais) por essa via controlará também, eficazmente, o governo da empresa, razão pela qual pode existir controlo.

d) *Poder de agrupar a maioria de votos nas reuniões do órgão de gestão da outra entidade*
Mesmo que determinado sujeito não tenha a maioria dos votos em assembleia geral ainda assim poderá controlar a sociedade se conseguir determinar o sentido do voto de mais de metade dos administradores correspondentes ao órgão de gestão. Note-se que a lei apenas atribui relevo à influência positiva e não à influência negativa resultante da formação de minorias de bloqueio, ainda que possa ter caráter de estabilidade. Só se trata, com efeito, da "maioria dos votos".

4.4. Relatório de gestão consolidado

A transparência do grupo não se basta com a consolidação de contas em si. Como se pode ler no Considerando (26) da Diretiva nº 2013/34/UE, "o relatório de gestão e o relatório de gestão consolidado são importantes elementos do relato financeiro. Deverá ser fornecida uma exposição fidedigna do desenvolvimento e da situação da empresa, de uma forma que corresponda à dimensão e complexidade da sua empresa. As informações não deverão circunscrever-se aos aspetos financeiros da atividade da empresa, devendo incluir uma análise dos aspetos ambientais e sociais da atividade da empresa necessários para se compreender o desenvolvimento, o desempenho ou a situação da empresa. Nos casos em que o relatório de gestão consolidado e o relatório de gestão da empresa-mãe sejam apresentados sob a forma de relatório único, pode ser conveniente dar mais destaque às questões significativas para as empresas incluídas na consolidação consideradas no seu conjunto. No entanto, tendo em conta o potencial ónus para as pequenas e médias empresas, convém prever que os Estados-Membros possam prescindir de impor a obrigação de prestação de informações não financeiras no relatório de gestão de tais empresas".

Nesta linha, o artigo 508º-A/1, tal como impõe a consolidação de contas, impõe o relato consolidado da gestão, capaz de transmitir a evolução da unidade económica em causa. Ao lado do relatório de gestão surge, então, um relatório consolidado, podendo os dois relatórios ser apresentados em separado ou sob a forma de relatório único (artigo 508º-C/6). Na elaboração do relatório único pode ser adequado, em conformidade com o artigo 508º-C/7, dar maior ênfase às questões que sejam significativas para as empresas compreendidas na consolidação, consideradas no seu conjunto.

Nos termos do artigo 508º-C, o relatório consolidado deve conter, pelo menos, uma exposição fiel e clara da evolução dos negócios, do desempenho e da posição das empresas compreendidas na consolidação, consideradas no seu conjunto, bem como uma descrição dos principais riscos e incertezas com que se defrontam. O nº 2 deste artigo determina que a exposição em causa deve incluir uma análise equilibrada e global da evolução dos negócios, do desempenho e da posição das empresas compreendidas na consolidação, consideradas no seu conjunto, conforme com a dimensão e complexidade da sua atividade. Por outro lado, o nº 3 acrescenta ainda que, na medida do necessário para a compreensão da evolução do desempenho ou da posição das referidas empresas, a análise prevista deve abranger tanto os aspetos financeiros como, quando adequado, referências de desempenho não financeiro relevantes para as atividades específicas dessas empresas, incluindo informações sobre questões ambientais e questões relativas aos trabalhadores. No que respeita às empresas compreendidas na consolidação, o relatório deve igualmente, nos termos do nº 5, incluir indicação sobre:

a) os acontecimentos importantes ocorridos depois do encerramento do exercício;
b) a evolução previsível do conjunto destas empresas;
c) as atividades do conjunto destas empresas em matéria de investigação e desenvolvimento;

d) o número, o valor nominal ou, na falta de valor nominal, o valor contabilístico do conjunto das partes da empresa-mãe, detidas por esta mesma empresa, por empresas filiais ou por uma pessoa agindo em nome próprio mas por conta destas empresas, a não ser que estas indicações sejam apresentadas no anexo ao balanço e demonstração de resultados consolidados;
e) Os objetivos e as políticas da sociedade em matéria de gestão dos riscos financeiros, incluindo as políticas de cobertura de cada uma das principais categorias de transações previstas para as quais seja utilizada a contabilização de cobertura, e a exposição por parte das entidades compreendidas na consolidação aos riscos de preço, de crédito, de liquidez e de fluxos de caixa, quando materialmente relevantes para a avaliação dos elementos do activo e do passivo, da posição financeira e dos resultados, em relação com a utilização dos instrumentos financeiros;
f) A descrição dos principais elementos dos sistemas de controlo interno e de gestão de riscos do grupo relativamente ao processo de elaboração das contas consolidadas, quando os valores mobiliários da sociedade sejam admitidos à negociação num mercado regulamentado.

5. Outros deveres de informação. Em especial, a transparência de transações com partes relacionadas

Para além das contas consolidadas, o anexo às contas, previsto no artigo 508º-F, desempenha um papel importante na divulgação de informação relativa ao grupo, visando "aclarar, completar, ampliar e comentar a informação fornecida pelas demais demonstrações financeiras, de modo a que se potencie a eficácia da informação nelas contida"[83]. A norma surge na sequência do artigo 66º-A, relativo às contas individuais, procurando, no caso, aprofundar a fidedignidade da imagem das entidades integrantes do perímetro de consolidação[84]. O nº 1 do artigo 508º estabelece, para o que ora releva, que as sociedades devem prestar informação sobre "a natureza e o objectivo comercial das operações não incluídas no balanço e o respectivo impacto financeiro, quando os riscos ou os benefícios resul-

---

[83] ANA MARIA RODRIGUES/RUI PEREIRA DIAS, *Código* cit., 395.
[84] Cf. ANA MARIA RODRIGUES/RUI PEREIRA DIAS, *Código* cit., 395.

tantes de tais operações sejam relevantes e na medida em que a divulgação de tais riscos ou benefícios seja necessária para efeitos de avaliação da situação financeira das sociedades incluídas no perímetro de consolidação".

Neste contexto do anexo às contas, merece inevitável destaque a matéria das transações com partes relacionadas[85], que ocupa lugar cimeiro nos grupos de sociedades. Como bem se explica na IAS 24, "as partes relacionadas podem efectuar transacções que partes não relacionadas não realizariam. Por exemplo, uma entidade que venda bens à sua empresa-mãe pelo custo poderá não vender nesses termos a outro cliente. Além disso, as transacções entre partes relacionadas podem não ser feitas pelas mesmas quantias que entre partes não relacionadas. Os lucros ou prejuízos e a posição financeira de uma entidade podem ser afectados por um relacionamento com partes relacionadas mesmo que não ocorram transacções com partes relacionadas. A mera existência do relacionamento pode ser suficiente para afectar as transacções da entidade com outras partes. Por exemplo, uma subsidiária pode cessar relações com um parceiro comercial aquando da aquisição pela empresa-mãe de uma subsidiária colega dedicada à mesma actividade que o parceiro comercial anterior. Como alternativa, uma parte pode abster-se de agir por causa da influência significativa de outra – por exemplo, uma subsidiária pode ser instruída pela sua empresa-mãe a não se dedicar a actividades de pesquisa e desenvolvimento. Por estas razões, o conhecimento das transacções, saldos pendentes, incluindo compromissos, e relacionamentos com partes relacionadas pode afectar as avaliações das suas operações pelos utentes, incluindo avaliações dos riscos e de oportunidades que se deparem à entidade".

A relevância da temática no nosso objeto de estudo é manifesta, ainda que o transcenda. Na verdade, aqui tratamos apenas do tópico da *transparência* e não de todo o universo de questões suscitadas pelas transações com partes relacionadas, *maxime* ligadas à necessidade de prevenir e reprimir a eventual apropriação injustificada de ativos, em benefício de partes relacionadas[86]. A transparência destas transações visa uma

---

[85] Sobre o tópico, cf. José FERREIRA GOMES, *Os deveres* cit., 619 ss.
[86] Cf. ALEXANDRE MOTA PINTO, *Transações com partes relacionadas, no direito das sociedades*, Actualidad Jurídica Uría Menéndez 43 (2016), 25-35, sublinhando que, além da obrigação,

"regulamentação" pelo próprio mercado[87], através do reflexo no valor da empresa, além de que permite o controlo pelos acionistas livres. Como se pode ler nos *Principles of Corporate Governance* do G20/OCDE (2015), para assegurar que a empresa está a ser gerida no interesse dos seus investidores, é essencial divulgar todas as transações relevantes com partes relacionadas e os termos dessas transações. Também no Código de Governo das Sociedades do IPCG (2018) a matéria é regulada. O Princípio I.5. (Transações com partes relacionadas), estabelece que "pelos potenciais riscos que comportam, as transações com partes relacionadas devem ser justificadas pelo interesse da sociedade e realizadas em condições de mercado, sujeitando-se a princípios de transparência e a adequada fiscalização". Nos termos da Recomendação I.5.1., o órgão de administração deve definir, com parecer prévio e vinculativo do órgão de fiscalização, o tipo, o âmbito e o valor mínimo, individual ou agregado, dos negócios com partes relacionadas que: (i) requerem a aprovação prévia do órgão de administração (ii) e os que, por serem de valor mais elevado, requerem, ainda, um parecer prévio favorável do órgão de fiscalização. Já a recomendação I.5.2. determina que o órgão de administração deve, pelo menos de seis em seis meses, comunicar ao órgão de fiscalização todos os negócios abrangidos pela Recomendação I.5.1.

Bem se vê o alcance muito mais amplo que o tema apresenta quando confrontado com o problema estrito da divulgação das transações, único que ora nos ocupa, remetendo-nos para o artigo 508º-F e, em sede geral, para o artigo 66º-A.

Após este enquadramento e esta ressalva, em matéria de transações com partes relacionadas, há que fazer a ponte com o tema da consolidação de contas e distinguir o regime aplicável às sociedades que elaboram as contas diretamente em aplicação das NIC (em geral, empresas cotadas) e as demais:

(i) No que respeita às *sociedades que elaboram contas de acordo com as NIC*[88], aplica-se diretamente a IAS 24 sobre "divulgação de partes relacionadas", cujo objetivo é assegurar que as demonstrações

---

são também necessários mecanismos de controlo preventivo e repressivo destas transações; Ana Perestrelo de Oliveira, *Manual de governo das sociedades*, Coimbra, 2017, 170 ss.
[87] Alexandre Mota Pinto, *Transações* cit., nota 24.
[88] Seja obrigatória ou facultativamente, nos termos expostos.

financeiras chamam a atenção para a possibilidade de a posição financeira e lucros ou prejuízos da entidade relatora poderem ter sido afetados pela existência de partes relacionadas e por transações e saldos pendentes, incluindo compromissos, com tais partes. Entende-se, na IAS 24, por transação com partes relacionadas "uma transferência de recursos, serviços ou obrigações entre uma entidade relatora e uma entidade relacionada, independentemente de haver ou não um débito de preço". Nos termos do § 9, (b) interessam-nos especialmente, entre outros casos de "partes relacionadas", as situações em que: (i) a entidade e a entidade relatora são membros de um mesmo grupo (o que implica que as empresas-mãe, subsidiárias e subsidiárias colegas estão relacionadas entre si); (ii) uma entidade é associada ou constitui um empreendimento comum da outra entidade (ou é associada ou constitui um empreendimento comum de um membro de um grupo a que pertence a outra entidade); (iii) ambas as entidades são empreendimentos comuns da mesma parte terceira; (iv) uma entidade representa um empreendimento comum da entidade terceira e a outra entidade é associada da entidade terceira; (v) a entidade é controlada ou conjuntamente controlada por uma pessoa identificada na alínea a). Dispõe o § 13 que os relacionamentos entre uma empresa-mãe e as suas subsidiárias devem ser divulgados *independentemente de ter havido ou não transações entre elas*[89], pelo impacto que a simples existência da relação pode ter. De acordo com o § 18, se uma entidade tiver levado a cabo transações com partes relacionadas durante os períodos abrangidos pelas demonstrações financeiras, deve divulgar a natureza do relacionamento com essas partes, assim como informação sobre as transações e saldos pendentes, incluindo compromissos,

---

[89] Uma entidade deve divulgar o nome da sua empresa-mãe e, se for diferente, da parte controladora final. Se nem a empresa-mãe da entidade nem a parte controladora final produzirem demonstrações financeiras disponíveis para uso público, deve também ser divulgado o nome da empresa-mãe superior seguinte que as produza. Nos termos do § 14, para permitir aos utentes de demonstrações financeiras uma visão acerca dos efeitos dos relacionamentos com partes relacionadas numa entidade, é apropriado divulgar o relacionamento com partes relacionadas onde exista controlo, tenha havido ou não transações entre as partes relacionadas.

necessária para a compreensão do potencial efeito do relacionamento nas demonstrações financeiras por parte dos respetivos utentes. Assim, existe tanto um dever de divulgar a *existência* de partes relacionadas como um dever de divulgar as *transações* com partes relacionadas.

(ii) No caso das *sociedades que não elaboram contas de acordo com as NIC (a generalidade das sociedades não cotadas)*, existe igualmente obrigação de divulgação das transações com partes relacionadas. Nos termos do artigo 508º-F/2, deve ser divulgado no anexo às contas (i) os montantes das operações; (ii) a natureza da relação com a parte relacionada e outras informações necessárias à avaliação da situação financeira das sociedades incluídas no perímetro da consolidação. Essencial é que tais operações sejam relevantes e não tenham sido realizadas em condições normais de mercado. O conceito de "parte relacionada" é estabelecido por remissão para as NIC (ou seja, para a IAS 24) pelo artigo 508º-F/3, *a)*. Também a NCRF 5 (Divulgações de partes relacionadas) tem por base a IAS 24.

Para além das obrigações de divulgação da existência de transações com partes relacionada referidas, há ainda que contar com as obrigações de divulgação no relatório de governo das sociedades e no relatório semestral.

No que tange ao primeiro, o artigo 245º-A do CVM, conjugado com o Regulamento da CMVM nº 4/2013, obriga os emitentes de ações admitidas à negociação em mercado regulamentado a divulgar, em capítulo do relatório anual de gestão especialmente elaborado para o efeito ou em anexo a este, um relatório detalhado sobre a estrutura e as práticas de governo societário, contendo um conjunto de elementos aí referidos, sendo que o modelo de Relatório de Governo prevê que este inclua "informação sobre a existência de relações significativas de natureza comercial entre os titulares de participações qualificadas e a sociedade".

Quanto ao relatório semestral, o artigo 246º/3, *c)*, do CVM impõe ainda que os emitentes obrigados a elaborar contas consolidadas incluam também informação sobre as principais transações relevantes entre partes relacionadas realizadas nos seis primeiros meses do exercício que tenham afetado significativamente a sua situação financeira ou o desempenho bem como quaisquer alterações à informação constante do relatório anual precedente suscetíveis de ter um efeito significativo na sua posição financeira ou desempenho nos primeiros seis meses do exercício corrente[90].

Feito este primeiro enquadramento, relativo à divulgação da estrutura do próprio grupo e relações entre sociedades, cumpre avançar para o específico plano do relacionamento entre sociedade-mãe e sociedade-filha no que respeita ao direito à informação.

---

[90] Aludindo à potencial incoerência decorrente da não previsão na NCRF 5 de um critério de relevância das transações, cf. ALEXANDRE MOTA PINTO, *Transações* cit., 29. O Autor aponta também a insegurança quanto à definição da obrigação resultante da utilização de conceitos imprecisos como a relevância das operações, a afetação significativa da situação financeira ou atividade da sociedade ou as condições normais de mercado. Cf., ainda e já antes, JOSÉ FERREIRA GOMES, *Os deveres de informação* cit., 623, sublinhando, por um lado, que não sendo divulgadas as transações por não serem consideradas significativas não poderá ser questionada a interpretação em causa porque não chega a existir conhecimento das mesmas pelos potenciais afetados; por outro lado, esta obrigação pode ser facilmente circundada pela estruturação dos negócios de forma a que cada um dos mesmos, isoladamente, não seja significativo para qualquer das partes envolvidas, de tal maneira que teria sido preferível impor a divulgação de todas as transações com partes relacionadas. Ainda assim, o Autor alerta para o papel que deverá ter a fiscalização do órgão de fiscalização e do ROC.

Capítulo III
Circulação de Informação *Upstream* e *Downstream* entre Sociedades do Grupo

1. A importância e a necessidade da circulação da informação intragrupo

A unidade económica representada pelo grupo pressupõe, por natureza, a circulação de informação, tanto em sentido ascendente, i.e., da sociedade-filha para a sociedade-mãe (informação *upstream*), como em sentido descendente, i.e., da sociedade-mãe para a sociedade-filha (informação *downstream*), que nem sempre é simples de assegurar, particularmente no contexto de um sistema legal de grupos de sociedades marcadamente incompleto. A própria constelação dos grupos multinível, com diversos graus de controlo (*sociedade-avó – sociedade-mãe – sociedade-neta*), pode suscitar dúvidas, embora, em princípio, o acesso à informação seja mantido num plano imediato, sem circulação direta de informação entre sociedade-avó e sociedade-neta e vice-versa. O mesmo se diga da transmissão de informação em sentido horizontal, entre sociedades-irmãs sujeitas a controlador comum: salvo casos excecionais, não existirão pretensões diretas de informação entre elas, funcionando a sociedade-mãe como mediadora das necessidades de informação potencialmente existentes, que devem ser encaradas com parcimónia.

No caso da sociedade-mãe a necessidade de informação (*upstream*) surge por motivos diversos:

(i) *Para assegurar o preenchimento das exigências de publicidade relativas ao grupo*, incluindo de relato financeiro: já vimos atrás que a lei estabelece determinadas exigências quanto à publicidade do grupo, nomeadamente em termos de contas e relatório de gestão consolidados. Para a sociedade consolidante satisfazer as obrigações que sobre ela recaem impõe-se naturalmente a prestação das informações necessárias pelas sociedades integradas no perímetro de consolidação.

(ii) *Para exercício do poder de controlo e vigilância global do grupo*: a sociedade-mãe carece de informação para poder controlar o desempenho das empresas do grupo e para monitorizar os riscos do grupo como um todo; a informação é importante instrumento do exercício do dever de vigilância e de *compliance*, cabendo indagar o alcance que este apresenta nos grupos.

(iii) *Para exercício da gestão unitária do grupo*: além de controlar a sociedade-filha, frequentemente a sociedade-mãe pretenderá intervir ativamente na política de negócios desta, nomeadamente tendo em vista a instituição de uma direção económica unitária. O dever do administrador de gerir cuidadosamente o grupo impõe que não possa a sociedade-filha ser entregue ao seu destino. Os administradores da *holding* carecem de acesso a informação da subsidiária, *inclusive* confidencial, tendo em vista a gestão do grupo. Por vezes até se entende que a empresa-mãe é responsável por garantir um fluxo de informação intragrupo, através da criação de sistemas de informação em todo o grupo[91]. Independentemente deste último aspeto, o acesso à informação é imediatamente instrumental do exercício do poder de gestão, restando saber qual o alcance que atinge.

(iv) *Para realização de fins económicos próprios*: o acesso da sociedade-mãe a informações relativas à filial pode visar a prossecução de objetivos económicos próprios. Exemplo frequentemente dado, neste âmbito, é o do *know-how*, ao qual pode a *holding* pretender acesso. Poderá, porém, tratar-se de outras informações de tipo distinto (*v.g.* informações relativas à sociedade-filha num contexto em que pretenda alienar a sua participação a um terceiro)[92].

---

[91] Cf. MADER, *Der Informationsfluss* cit., 11 ss.
[92] Cf. MADER, *Der Informationsfluss* cit., 15 ss.

No caso da sociedade-filha, a necessidade de informação (*downstream*) é sobretudo funcionalizada ao exercício do poder de controlo sobre as instruções recebidas da sociedade dominante, nomeadamente para aferir a sua licitude. Em princípio, a necessidade de acesso a *factos internos* da sociedade-mãe por parte da sociedade-filha é menor, reportando-se as exigências de informação, em norma, ao estrito plano das *relações* entre sociedades.

A lei não regula a circulação de informações intragrupo em nenhuma das suas dimensões, colidindo a falta de regulação com as necessidades do grupo em sede de informação, particularmente no que respeita à sociedade-mãe. Esta é apenas mais uma das manifestações do conflito entre unidade e multiplicidade no grupo, entre integração económica e autonomia jurídica. Por vezes diz-se que o problema é menos acentuado nas sociedades por quotas, atendendo ao mais amplo acesso dos sócios à informação, que se estende em princípio a todas os factos relevantes relativos à gestão societária. Simplesmente, quando se trata da gestão do grupo, pode impor-se a extensão das exigências de informação a factos confidenciais que não devam ser revelados ao comum sócio. Se nos grupos de direito (constituídos por domínio total) a hipótese não oferece dificuldades, o mesmo não acontece nos demais grupos. Ainda assim, o problema não deve ser exagerado na medida em que, mesmo nos grupos de facto, a empresa dominante tem amplas oportunidades de facto para obter informações relativas à dominada, através do exercício do poder de influência sobre a administração e pela própria utilização de mandatos duplos. Nem por isso deve, porém, a matéria deixar de merecer a nossa atenção.

2. Os deveres de informação ao serviço da publicidade do grupo

Já atrás analisámos os deveres de prestação de contas e de relato de gestão consolidados que recaem sobre a empresa-mãe em situações de controlo. Para operacionalizar o cumprimento de tais deveres, o artigo 508º-A/3 determina que "os gerentes ou administradores de cada sociedade a incluir na consolidação que seja empresa filial ou associada devem, em tempo útil, enviar à sociedade consolidante o seu relatório e contas e a respectiva certificação legal ou declaração de impossibilidade de certificação a submeter à respectiva assembleia geral, bem como prestadas as demais informações necessárias à consolidação de contas".

Identificamos aqui uma primeira dimensão do direito à informação da sociedade consolidante, delimitado pelo estrito propósito de apresentação de uma imagem fiel da situação patrimonial e financeira do conjunto das sociedades consolidadas[93]. O direito é exercido pelo órgão de administração enquanto representante da sociedade e nunca individualmente pelos seus membros[94]. Contudo, considerando que as exigências colocadas à sociedade consolidante pelo artigo em causa são significativas, do mesmo resulta também um direito a obter informação razoavelmente amplo. Aliás, já houve quem apontasse[95], em face do artigo 508º-C, que "o sistema apresenta uma certa esquizofrenia, na medida em que não reconhece à sociedade consolidante um poder de direção *de jure*, mas exige desta uma prestação de contas própria de quem exerce um tal poder". A lei não consagra, por outro lado, expressamente um direito de inspeção da sociedade consolidante. Tendo em conta a realização material dos objetivos do artigo 508º-A/3 a doutrina tem sustentado um tal dever[96], solução coerente com as responsabilidades que lhe são impostas.

Não obstante a importância da obrigação de prestação de informação que resulta do artigo 508º-A/3, não pode esquecer-se a sua ligação funcional à prestação de informação financeira consolidada. A norma não pode, por consequência, ser aplicada, diretamente ou por analogia, a pedidos de informação formulados com propósitos distintos, mesmo que respeitantes ao exercício do poder de direção ou do dever de vigilância do grupo.

3. Os deveres de informação ao serviço do controlo e vigilância global do grupo

A participação na empresa dependente é um ativo da controladora, que beneficia com um desenvolvimento económico favorável daquela

---

[93] Cf. José Ferreira Gomes, *Da administração à fiscalização das sociedades. A obrigação de vigilância dos órgãos da sociedade anónima*, Coimbra, 2015, 201.
[94] Cf. José Ferreira Gomes, *Da administração* cit., 208: "só o órgão de administração em termos coletivos, enquanto representante da sociedade consolidante, e não os seus membros individualmente, pode exercer o direito à obtenção de informação e à realização de inspeções necessárias à consolidação de contas".
[95] Cf. José Ferreira Gomes, *Da administração* cit., 204.
[96] Cf. José Ferreira Gomes, *Da administração* cit., 205 e 206.

e perde no caso contrário. Este é o primeiro e mais elementar motivo para a sociedade controladora carecer de informação: é do seu interesse controlar o desempenho comercial e os resultados das empresas do grupo[97]. Nas relações de grupo, incluindo por domínio total (*ex vi* do artigo 491º), a lei consagra expressamente no artigo 504º um dever de os administradores da *holding* gerirem o grupo como um todo de acordo com os padrões do artigo 64º, ou seja, os seus deveres de gestão e os inerentes deveres de cuidado e de lealdade estendem-se, por razões que bem se entendem, ao exercício do poder de controlo sobre as dominadas, o que inevitavelmente envolve o acesso à informação relevante destas sociedades. Havendo domínio total, a configuração da relação determina que a obtenção de conhecimento não será certamente problemática. Porém, as exigências no que toca à informação não se restringem a estes casos de máxima integração. Aliás, mesmo na ausência de participação totalitária tem-se entendido que o órgão de administração está sujeito a uma obrigação de controlo sobre o grupo[98]. Na Alemanha, é assim interpretado o § 76, 1, AktG, que implicará que o administrador esteja ciente dos desenvolvimentos significativos da sociedade-filha. Associado a esta obrigação, está o dever de monitorizar os riscos do grupo como um todo, o que exige um conhecimento abrangente da posição da subsidiária[99]. Em acréscimo, em determinados setores (como o da concorrência[100]) existe, como é sabido, uma tendência para responsabilizar a sociedade-mãe em caso de incumprimento de outras sociedades do grupo, o que conduz, no fundo, a um alargamento do dever de legalidade e de *compliance* dos administradores para um plano mais vasto. Ora, conforme se vem apontando, para a sociedade-mãe exercer a sua influência no sentido de providenciar pela observância das regras legais aplicáveis por parte da subsidiária carece de obter informação. Por outras palavras, o dever de legalidade só pode estender-se se houver o correspondente e necessário acesso à informação. Esta é, pois, uma das funções potenciais que o dever de informação cumpre, variando o

---

[97] Assim MADER, *Der Informationsfluss* cit., 8.
[98] Cf. UWE H. SCHNEIDER, *Compliance im Konzern*, NZG 2009, 1321-1326.
[99] Cf., por todos, MADER, *Der Informationsfluss* cit., 10.
[100] Cf. ANA PERESTRELO DE OLIVEIRA/ MIGUEL SOUSA FERRO, *The sins of the son: parent company liability for competition law infringements*, RC&R 3, 53-92.

seu alcance consoante o âmbito do próprio dever de legalidade e de vigilância, que não é claro nos grupos de empresas.

Na sociedade individual, o dever de gerir dos administradores implica um dever de vigilância. Pode dizer-se que "o conselho de administração constitui, antes de mais, o centro de controlo ou vigilância da empresa. Reclama-se quer uma vigilância no interior do conselho de administração, quer uma vigilância junto dos patamares inferiores da empresa. Esta assume um carácter sistemático, envolvendo a delimitação de mecanismos de controlo estratificados, ao longo da estrutura hierárquica"[101].

A instituição de esquemas de *compliance* e de controlo interno integra-se no âmbito dos deveres de organização, supervisão e controlo dos administradores, sendo instrumental do dever de garantir a legalidade da atuação societária e, bem assim, do dever de cuidado prescrito pelo artigo 64º. Tais sistemas não são generalizadamente obrigatórios, dependendo da sociedade e da sua fisionomia e complexidade[102]: a necessidade da sua implementação deve ser determinada à luz do dever de cuidado dos administradores, tendo em conta as características, dimensão e riscos da concreta sociedade. Esta recondução do dever de manter sistemas de *compliance* a um "dever de legalidade" (*Legalitätspflicht*) e a um "dever de controlo da legalidade" (*Legalitätskontrollpflicht*) constitui aspeto que tem sido objeto de intensa atenção no ordenamento alemão[103].

No caso dos grupos questiona-se se recai sobre a própria sociedade-mãe e os seus administradores um dever de vigilância alargado às sociedades-filhas.

Havendo um grupo de direito, ou seja, sendo a sociedade-mãe titular de 100% do capital social da sociedade-filha, os administradores da sociedade-mãe têm de agir no interesse da respetiva sociedade, o que implicará que se assegura que a sociedade administrada não pratica, direta ou indiretamente, atos ilícitos. A sociedade-mãe, por seu lado, tem o dever de não emitir instruções que, imediata ou mediatamente, conduzam

---

[101] Cf. Pedro Caetano Nunes, *Dever de gestão dos administradores de sociedades anónimas*, reimpr. Coimbra, 2018, 532.
[102] Cf. Carneiro da Frada, *O dever de legalidade* cit., 73.
[103] Cf., por todos e com mais indicações, Fleischer, em *Münchener Kommentar zum GmbH*, München, 2015, § 43, Rn 142 ss. (para as GmbH) e Spindler/Stilz/Fleischer, em *Kommentar zum AktG* § 91, Rn. 47 ss. (para as AG).

à prática de atos ilícitos pela sociedade-filha. Indo mais longe, pergunta-se se a sociedade-mãe tem o dever de procurar ativamente evitar a prática de atos ilícitos pela sociedade-filha, adotando as medidas adequadas para o efeito. Considerando que o órgão de administração da sociedade detida a 100%, mesmo quando não apresenta administradores comuns, não tem autonomia real face à sociedade-mãe, julgamos que esta última sociedade está obrigada a estabelecer, ela própria, esquemas de *compliance* que propiciem o cumprimento da legislação em vigor, tendo sempre em atenção, nos grupos multinacionais, a necessidade de adaptação às legislações locais.

Quando não existe relação de grupo mas mera relação de domínio (porventura originando um grupo de facto), a pergunta pela existência ou não de um "dever de legalidade" e, portanto, de um dever de *compliance* alargado para o perímetro do grupo (de facto) depende de saber se a sociedade-mãe poderá ou não ser responsabilizada por ilícitos perpetrados pela sociedade-filha. Em princípio (sem prejuízo de respostas particulares em ramos de direito como o da concorrência onde o conceito de empresa tem sido trabalhado com especificidades), essa responsabilidade exige a demonstração de uma efetiva participação da sociedade dominante no ato ilícito. Existe, naturalmente, um dever de a sociedade dominante no exercício da sua influência não dar instruções à sociedade dominada que conduzam à prática de atos ilícitos. No caso em que a influência é efetivamente exercida no sentido de instituir de uma direção económica unitária (passando a existir um grupo de facto), deve entender-se que a implementação, por iniciativa da sociedade dominante, de uma direção económica unitária, com potenciais amplos reflexos, obriga esta sociedade a organizar a sua atividade e a das subsidiárias de forma a evitar a ocorrência de atos ilícitos. A implementação de esquemas de *compliance* sem participação da sociedade que efetivamente exerce o seu poder de influência e impõe uma direção unitária não funciona: torna-se necessário um plano integrado, uma vez que a sociedade-filha passa a ser gerida, com as contingências que já vimos no grupo de facto, sob direção da sociedade-mãe. Em suma, quando a sociedade-mãe utiliza o seu poder de influência dominante e institui uma direção económica unitária, independentemente do grau de centralização do grupo, fica obrigada a prevenir a violação de lei não só através de instruções concretas por si emitidas mas também fruto da normal atividade das sociedades que dirige, justificando-se a expansão do dever de vigilância e de *compliance* para o grupo como um todo.

Sempre que se conclua que existe um dever de vigilância global da sociedade-mãe, seja num grupo de direito ou num grupo de facto, têm de se alargar também, em correspondência, os deveres de informação, sob pena de se destruir as próprias bases do poder-dever de controlo.

4. Os deveres de informação ao serviço da direção unitária do grupo

4.1. Quadro geral

Já salientámos que a informação é imprescindível para o exercício da direção do grupo pela empresa-mãe, tanto nos grupos de direito como nos grupos de facto. Atendendo ao radicalmente diverso enquadramento legislativo, importa distinguir a situação em ambas as modalidades de grupo.

Nos grupos de direito, o poder de direção da sociedade-mãe está legalmente consagrado no artigo 503º e, para o seu exercício, é central, naturalmente, o acesso à informação, que constitui, como veremos, direito da sociedade-mãe, inequivocamente resulta da referida norma. Da mesma maneira, existe um dever de controlo dos limites desse poder por parte da administração da sociedade-filha, que justifica o acesso dos seus administradores à informação necessária para o respetivo cumprimento. Assim, nesta primeira dimensão, há que analisar o acesso à informação como instrumento do poder de direção e decorrência do poder-dever de controlo da licitude do seu exercício.

Note-se, porém, que a importância do tema nos grupos de direito não deve ser sobrevalorizada. Já vimos atrás que as constelações que têm relevância efetiva, por serem as únicas que existem na realidade prática, são as das relações de grupo por domínio total. Ora, havendo uma participação totalitária no capital social, o acesso à informação pela sociedade-mãe está garantido pela própria participação totalitária no capital e inerente controlo absoluto sobre o órgão de administração; da mesma maneira, dificilmente é pensável o aparecimento de conflitos no que toca ao acesso à informação pelo órgão de administração da sociedade-filha, cujos membros são nomeados e destituídos pelo sócio totalmente dominante. Importante, nos grupos *de jure*, será, sim, o problema do acesso pelos restantes sócios da sociedade totalmente dominante a informação relativa à sociedade-filha: essa é, porém, matéria que nos ocupará no próximo capítulo.

Quanto aos grupos de facto, por seu lado, não existe nenhuma pretensão legal de informação apesar de o exercício da influência dominante requerer o conhecimento de factos internos da sociedade-filha. Como dissemos, os grupos de facto correspondem, do ponto de vista jurídico-positivo, a meras relações de domínio, não havendo regime legal aplicável ou fundamento direto para sustentar um dever legal de informação. Poderá, porém, questionar-se se, em casos determinados, será justificado aceitar a existência de um dever não escrito, com base nos deveres de lealdade. A hipótese deverá ser encarada com extrema cautela.

Vejamos estes diversos aspetos.

4.2. Grupos de direito

4.2.1. Informação *upstream*

Nos grupos de direito, os administradores da sociedade-filha estão vinculados a informar os administradores da sociedade diretora sobre todos os aspetos internos da sua sociedade que se revistam de importância para o exercício do poder de direção.

Como nota ENGRÁCIA ANTUNES[104], no poder de direção da sociedade diretora está implícita, em termos instrumentais, uma pretensão jurídica de informação relativa a todos os elementos que se mostrem relevantes para a direção da empresa plurissocietária, sem que sejam aplicáveis os limites impostos pelos artigos 215º e 291º/4. Só assim é possível o exercício do poder de gestão do grupo[105].

Deste modo, nos grupos assentes em contrato de subordinação ou em domínio total, é o próprio artigo 503º que fundamenta o direito à informação da sociedade-mãe junto da administração da sociedade-filha[106].

---

[104] *Os Grupos* cit., 725, nota 1405.
[105] Também neste sentido, SVEN H. SCHNEIDER, *Informationspflichten* cit., 148.
[106] Já dissemos que o grupo se caracteriza pela direção económica unitária e apresentámos diversas dimensões em que esta se manifesta. Esta direção é exercida pela sociedade-mãe através da emissão de instruções vinculativas. As instruções, para as quais a lei não estabele-

No que toca aos administradores da sociedade-mãe (e não já à sociedade em si), a obtenção de informação é um dever em si mesmo, na medida em que é requisito do exercício do dever que sobre eles recai (perante a sociedade que administram em termos diretos) de dirigir o grupo: os administradores da sociedade-mãe estão obrigados, perante a mesma, a tirar partido das potencialidades do grupo, tendo em vista sempre o interesse da referida sociedade. Tal implica que não só do dever geral de gestão ampliado à escala do grupo (como resulta do artigo 504º) mas também dos deveres de cuidado dos administradores se extrai um necessário alargamento do âmbito dos deveres gerais de os administradores se informarem, implicitamente decorrentes do artigo 64º/1, *b*). Os próprios deveres de lealdade dos administradores da sociedade-mãe obrigam, em muitos casos, ao acesso a informações relativas às sociedades-filhas.

ce qualquer forma especial, são suscetíveis de abranger a generalidade das matérias da administração e representação da sociedade, sem prejuízo dos limites que naturalmente conhecem. Conforme a doutrina tem sublinhado, tais instruções podem traduzir-se em ordens, diretivas e até recomendações ou conselhos, revestindo forma oral ou escrita (cf., *v.g.*, ENGRÁCIA ANTUNES, *Os Grupos* cit., 724 e 725). Com uma ressalva, quanto às "recomendações" e "conselhos": é necessário que a vinculatividade seja pretendida pelos membros do órgão de administração da sociedade diretora que os emitem e assim interpretada pelos membros do órgão de administração da sociedade subordinada. Discute-se, por vezes, a legitimidade do recurso a outros meios que se encontram à disposição da sociedade diretora para assegurar uma direção uniforme das sociedades em relação de grupo. Pode tratar-se, por exemplo, de interconexões de pessoal, especialmente sob a forma de "administradores comuns", bem como da influência da sociedade-mãe sobre a assembleia geral da sociedade subordinada, *maxime* quando baseada numa participação maioritária no capital social desta. Esta última situação extravasa, claramente, o âmbito do poder de direção da sociedade-mãe sobre a sociedade-filha, dado que este é exercido ao nível do órgão de administração e nunca ao nível do órgão deliberativo. Naturalmente que com isto não se pretende negar relevância prática e legitimidade ao exercício da posição acionista da sociedade-mãe na sociedade-filha, apesar de não se exercer a "direção do grupo" *proprio sensu*. Como vimos, a influência sobre a assembleia geral releva indiretamente apenas. Já no caso dos "administradores comuns", a situação é materialmente equivalente à emissão de instruções (cf., *v.g.*, EVERSBERG, *Konzernleitung durch Doppelmandate*, Aachen, 1995). Na atuação de um membro do órgão de administração da sociedade diretora no órgão de administração da sociedade subordinada podem ser vistas as instruções gerais no sentido de se seguir as instruções do membro da administração "enviado" para a sociedade-filha. Trata-se, por isso, de verdadeiro meio para o exercício do poder de direção da sociedade diretora sobre a sociedade subordinada, mas que se reconduz ainda ao cumprimento de "instruções", embora indiretamente emitidas, como é claro. Neste caso, o acesso à informação é imediato.

Tem sido afirmado na doutrina que a um direito de direção do grupo corresponde um dever de direção. Confunde-se, porém, muitas vezes, o sentido deste dever. Em primeiro lugar, do *dever de direção* é frequentemente apartado o *dever de emissão de instruções*[107]. No que se refere ao dever de direção do grupo, considera por exemplo ENGRÁCIA ANTUNES que "a celebração de um contrato de subordinação ou a aquisição de uma participação totalitária originará sempre, por definição, não apenas um *poder*, mas também um *dever* legal de direcção do conjunto das sociedades subordinadas ou dominadas a cargo dos órgãos de administração da sociedade directora ou dominante"[108]. Diferentemente, "o exercício do direito de instruir [relevaria] da vontade discricionária do respectivo titular, não apenas quanto às formas assumidas, ao âmbito da sua incidência, e à sua frequência ou intensidade, mas mesmo quanto à própria oportunidade concreta da sua exteriorização"[109]. Com consequências inversas, tem igualmente a doutrina alemã[110] distinguido a obrigação de emissão de instruções (*Weisungspflicht*) e a obrigação de direção do grupo (*Konzernleitungspflicht*), entendendo maioritariamente que existe um dever de instruir a cargo do órgão de administração da sociedade diretora (uma vez que o contrato de subordinação transferiria para este a direção da sociedade subordinada) mas não já um dever de direção do grupo.

A relevância da distinção referida dilui-se, porém: a existir um dever de direção, é através da obrigação de emissão de instruções que ele se concretizará.

Necessário, na verdade é separar duas perspetivas de imputação ou dois planos de análise distintos[111]: o plano da sociedade diretora e o plano dos respetivos administradores. Nesta linha, lembre-se, com MARIA AUGUSTA FRANÇA[112], a existência de uma "diferença entre a natureza das

---

[107] Cf., *v.g.*, ENGRÁCIA ANTUNES, *Os Grupos* cit., 731.
[108] *Os direitos dos sócios da sociedade-mãe na formação e direcção dos grupos societários*, Porto, 1994, 148.
[109] ENGRÁCIA ANTUNES, *Os Grupos* cit., p. 731.
[110] Para uma síntese do posicionamento da doutrina alemã a respeito deste problema, cf. ALTMEPPEN, *Die Haftung des Managers im Konzern*, München, 1998, 32 e 33.
[111] Neste sentido, cf. ALTMEPPEN, *Die Haftung* cit., 32 e 33.
[112] *A estrutura das sociedades anónimas em relação de grupo*, Lisboa, 1990, 64.

instruções para a sociedade directora e para os membros dos seus órgãos de administração".

Assim, não existe um dever da sociedade de emitir instruções nem, naturalmente, um correlativo direito da sociedade subordinada a receber tais instruções. O artigo 504º/1, conjugado com o artigo 64º, nada resolve no que respeita a este ponto, limitando-se a impor aos membros do respetivo órgão de administração um dever de agir com diligência relativamente ao grupo. Afirmar uma obrigação da sociedade diretora de emitir instruções é contrariar o sentido e a lógica de funcionamento do contrato de subordinação, que está fundamentalmente orientado para os interesses da sociedade diretora, a ponto de poder dizer-se que o "interesse do grupo" coincide com o interesse desta sociedade. Isso mesmo já temos defendido noutros contextos. Por força do contrato de subordinação, a sociedade-mãe adquire o direito de dar instruções vinculativas às administrações das sociedades-filhas (artigo 503º/1), mas não fica, em rigor, obrigada a exercer esse direito. No grupo assente em domínio total o resultado é o mesmo: da titularidade da participação decorre legalmente um direito mas não uma obrigação de emissão de instruções.

Vejamos agora o problema da perspetiva – que aqui mais nos interessa – dos membros do órgão de administração da sociedade diretora ou totalmente dominante (e não já da própria sociedade). Nos termos dos artigos 504º/1 e 64º, estes estão obrigados a adotar, relativamente ao grupo, a diligência de um gestor criterioso e ordenado. Deste dever geral de diligência resulta, como é claro, que, se a prossecução diligente do "interesse do grupo" implicar a emissão de instruções dirigidas à administração de uma ou mais sociedades do grupo, os administradores da matriz poderão ser responsáveis por omissão se as não emitirem[113].

É certo que, perante a sociedade subordinada, não existe, por regra, responsabilidade dos administradores da sociedade diretora pela não emissão de instruções em violação do dever de diligência. O mesmo não vale, porém, perante a sociedade-mãe de que são administradores. Neste ponto é seguro afirmar a suscetibilidade de esta sociedade responsabilizar por omissão os membros do respetivo órgão de administração quando um gestor criterioso e ordenado tivesse emitido as

---

[113] Neste ponto devemos acompanhar ENGRÁCIA ANTUNES, *Os grupos* cit., 732.

instruções. A sociedade diretora ou totalmente dominante fica exposta a consideráveis "riscos de responsabilidade", desde logo por força do regime instituído pelos artigos 501º e 502º: responsabilidade pelas obrigações da sociedade subordinada e obrigação de compensar as respetivas perdas. Como vimos, o "interesse do grupo" que os administradores da sociedade-mãe devem prosseguir e em vista do qual poderão ser obrigados a emitir instruções coincide com o interesse da sociedade-mãe. Deste modo, não sendo emitidas instruções, pode ser o próprio interesse da sociedade diretora que é atingido. Por estas razões se afigura clara a responsabilidade por omissão perante esta última sociedade.

Se assim é, os administradores da sociedade-mãe carecem de aceder a informação relativa à sociedade-filha da perspetiva do cumprimento dos seus deveres de gestão e do dever de cuidado, pois têm o dever de conhecer não só a atividade desenvolvida por esta sociedade mas também pelas sociedades-filhas, dispondo cada um deles, por esse motivo, de poderes-deveres de obtenção de informação das sociedades-filhas, incluindo a inquirição dos colaboradores desta[114].

Ao poder de solicitar informação corresponde o dever de o órgão de administração da subsidiária informar, não incumprindo este quaisquer deveres (ainda quando esteja em causa informação confidencial que não poderia ser divulgada ao comum sócio). Não havendo outros sócios (pois na prática as relações que aqui relevam são de domínio total) não se colocam problemas ao nível da igualdade no acesso à informação.

4.2.2. Informação *downstream*

Encarado do ponto de vista da sociedade-filha, o direito à informação tem, como dissemos, o objetivo de assegurar o controlo do exercício do poder de direção da sociedade diretora ou totalmente dominante, o qual comporta diversos limites.

– Por um lado, como estabelece diretamente o artigo 503º/2, "em caso algum serão lícitas instruções para a prática de actos que em

---

[114] Cf. JOSÉ FERREIRA GOMES, *Da administração* cit., 198 e 199. Como escreve o mesmo Autor (p. 197), "no exercício do seu poder-dever de inspeção, por intermédio de quem seja mandatado para o efeito, pode o conselho inquirir diretamente os colaboradores da sociedade-filha sobre a escrituração, livros e documentos consultados, dentro dos limites da lealdade interorgânica, que opera aqui a um nível intersocietário". Trata-se de dar conteúdo útil ao poder de inquirição, que de outra forma ficaria esvaziado.

si mesmos sejam proibidos por disposições legais não respeitantes ao funcionamento das sociedades" (*v.g.*, normas laborais, fiscais, de concorrência). Naturalmente que também serão ilícitas as instruções que afastem disposições legais de direito societário (relativas, pois, "ao funcionamento das sociedades") quando a lei, mesmo tendo em conta a pertença ao grupo, não permita tal derrogação[115], como são igualmente ilícitas as instruções contrárias aos deveres de lealdade da empresa-mãe.

- Ao lado deste primeiro grupo de limites legais, encontramos limites contratuais: embora o artigo 503º não o disponha expressamente, é indiscutível que os administradores, no exercício do direito de emitir instruções, têm de respeitar os limites traçados pelo contrato de sociedade, nomeadamente em matéria de objeto social.

- Outro limite (*rectius*, condicionante), diretamente estabelecido na lei, resulta do artigo 503º/3: "se forem dadas instruções para a administração da sociedade subordinada efectuar um negócio que, por lei ou pelo contrato de sociedade, dependa de parecer ou consentimento de outro órgão da sociedade subordinada e este não for dado, devem as instruções ser acatadas se, verificada a recusa, elas forem repetidas, acompanhadas do consentimento ou parecer favorável do órgão correspondente da sociedade directora, caso esta o tenha"[116].

- Normalmente aponta-se ainda como limite ao direito de dar instruções a necessidade de prosseguir o "interesse do grupo": as instruções desvantajosas têm de ser adotadas em nome do interesse da sociedade-mãe ou de outra sociedade do grupo. Não é este o

---

[115] Deve entender-se que a razão pela qual o legislador não mencionou no art. 503º/2 senão as "disposições legais não respeitantes ao funcionamento das sociedades" está na possibilidade, reconhecida pelo legislador, de terem lugar inflexões no direito societário geral quando nos deparamos com grupos de sociedades. É claro que, quando essas inflexões não sejam permitidas, as instruções que pretendam levá-las a cabo são ilícitas. Cf., sobre este ponto, ENGRÁCIA ANTUNES, *Os grupos* cit., pp. 734 e 735.

[116] Também aparentemente resultante da lei é a proibição de as instruções emitidas terem como objeto transferências patrimoniais entre as sociedades, fora dos casos permitidos pelo artigo 503º/4. Porém, já noutro contexto vimos que a norma tem de ser interpretada sistematicamente, de modo a não inviabilizar um conjunto de operações essenciais para o funcionamento do grupo.

local adequado ao desenvolvimento do tema mas bem se vê que este é o limite cuja supervisão comporta à partida maior necessidade de acesso à informação, a par do controlo do respeito pelos deveres de lealdade que vinculam a sociedade-mãe.

Ora, para confirmar os termos do exercício do poder de direção e o respeito pelos limites indicados, o órgão de administração da sociedade-filha necessita de obter informações suficientes por parte da sociedade-mãe.

Acresce que, mesmo no caso de a sociedade-mãe não exercer o seu poder de direção, o órgão de administração da sociedade-filha pode necessitar de aceder a informação relativa ao grupo, na medida em que, ainda que não se aceite um dever de, nestes casos, agir "no interesse do grupo", não é certamente indiferente, na respetiva gestão, a pertença ao grupo, o que pode gerar pedidos de informação dirigidos à sociedade-mãe.

Neste caso em que não são emitidas instruções, entende um setor da doutrina que deve ainda ser o "interesse do grupo" a presidir à atuação dos membros da administração da sociedade-filha, mantendo-se, pois, a referida necessidade da informação. Neste sentido se pronuncia, entre nós, ENGRÁCIA ANTUNES[117]. O Autor parte da consideração de que "o contrato de subordinação vai endereçado, por definição, à integração de uma sociedade comercial numa unidade económico-empresarial mais vasta e global (a empresa de grupo), dotada de um interesse próprio (o interesse do grupo) que se sobrepõe ao das várias sociedades individuais seus membros; neste sentido, a administração das sociedades agrupadas jamais poderá deixar de ir fundamentalmente orientada pela perspectiva da contribuição individual para o sucesso do todo económico (...)".

De acordo com outro setor da doutrina, não existe, nestes casos, um dever de agir no interesse do grupo. Assim, considera por exemplo RAÚL VENTURA que "a administração da sociedade subordinada só depende das instruções da sociedade directora quando estas lhe forem dadas. O seu dever de administrar, na falta de instruções, mantém-se integralmente; a dúvida reside no interesse para o qual deve ser exercido (...). Na Alemanha há quem prefira a segunda destas soluções [actuação

---

[117] Cf. *Os grupos* cit., 759.

no interesse da sociedade directora ou no interesse do grupo] (...). Em Portugal, sem texto legal expresso nesse sentido, não (...) parece que tal solução possa ser aceite, acrescendo que será praticamente impossível, ou pelo menos muito difícil, ao administrador da sociedade subordinada saber qual é, no caso concreto, o interesse do grupo"[118]-[119]. Assim, há que assumir que os administradores das diversas sociedades-filhas, na ausência de instruções, estão vinculados a prosseguir o interesse social próprio: não o do grupo, o da sociedade diretora ou de qualquer outra sociedade àquele pertencente.

Note-se que, mesmo desta última perspetiva, o que se escreve não significa que a integração no grupo seja indiferente na tomada de decisões a que os administradores da filial estão obrigados. Pelo simples facto de a sociedade pertencer a um grupo, o exercício da gestão da sociedade-filha pode exigir o conhecimento de assuntos que apenas a sociedade-mãe poderá revelar. Além disso, vale sempre o princípio da lealdade, que impede a sociedade-mãe de causar prejuízos à sociedade-filha, podendo daí resultar pretensões de informação, sem contar com a eventual existência de instruções de carácter genérico, suficientes para, perante o caso concreto, orientarem a atuação daqueles sujeitos "no interesse do grupo". O acesso a informação impõe-se, como se vê, em diversos casos.

4.3. Grupos de facto

4.3.1. O âmbito do poder de direção no grupo de facto

No grupo de facto, as sociedades estão sujeitas a uma direção económica unitária, tal como nos grupos de direito, mas esta não é regulada

---

[118] *Contrato de subordinação (arts. 493º e ss.). Comentário ao Código das Sociedades Comerciais*, em *Novos estudos sobre sociedades anónimas e sociedades em nome colectivo*, Coimbra, 1994, 120.

[119] Esta última referência, feita por Raúl Ventura, é sobremaneira relevante. Leva inclusivamente os defensores da posição contrária a introduzir cuidadosas restrições à mesma, afirmando, *v.g.*, que a "gestão da sociedade subordinada no interesse do grupo deve ser entendida aqui habilmente (Engrácia Antunes, *Os Grupos* cit., 759), de modo a não querer significar que os órgãos de administração das sociedades subordinadas se substituem à administração da sociedade diretora, definindo a cada momento em que consiste o "interesse do grupo".

por lei. À luz do Código das Sociedades Comerciais, apenas existe um grupo – conforme apontámos – quando uma sociedade detém a totalidade do capital social de outra ou foi celebrado contrato de subordinação ou contrato de grupo paritário (artigos 488º ss.). Só então encontramos um regime legal regulador dos interesses conflituantes em jogo. Sempre que se identifica uma direção unitária cuja fonte não é um destes instrumentos tipificados na lei não existe, em termos de direito positivo, um grupo. À luz do Código das Sociedades Comerciais ocorre meramente uma relação de domínio (artigo 486º), para a qual não é previsto regime jurídico.

Nestes casos, o tema da informação assume contornos mais complexos. Verifica-se aqui a típica dicotomia dos grupos de facto entre a realidade material (a necessidade de acesso à informação) e a realidade jurídica (a inexistência de título para aceder à informação, para lá daquele que resulte da própria qualidade de sócio da sociedade dominante). Já vimos que existem deveres de informar a sociedade dominante para cumprimento das obrigações legais de publicidade e contabilísticas desta, mas esses deveres limitam-se ao seu estrito âmbito, sem que seja possível retirar deles uma obrigação de informação mais ampla.

Sucede que a informação é, em termos gerais, compreensivelmente fulcral para o funcionamento do grupo fáctico e que este não deve ser visto como situação patológica a evitar, o que determina, até certo ponto, uma eventual proteção das pretensões de informação que possam existiu. O poder de influência sobre a sociedade dependente e de efetiva direção da sociedade dominante surgem, na realidade, como dados de facto, absolutamente naturais e fisiológicos[120] no panorama societário, capazes mesmo de favorecer a obtenção de um máximo de eficiência produtiva intrasocietária. Nenhum juízo de desvalor deve ser lançado aos grupos de facto nem devem ser impostos obstáculos ao seu funcionamento, desde que sejam assegurados os necessários mecanismos de proteção[121].

Por isso, mesmo neste caso, há que ponderar a existência de eventuais pretensões de acesso a informação, em situações muito restritas, com

---

[120] Este aspeto é particularmente sublinhado pelo legislador italiano, na *Relazione Illustrativa* da Reforma de 2003 do *Codice civile* italiano.
[121] Trata-se de tarefa que procurámos empreender em *Grupos* cit., *passim*.

fundamento nos deveres de lealdade entre a sociedade-mãe e a sociedade-filha (estes assumem, como temos defendido, caráter recíproco). Muitas vezes, como já alertámos, o acesso à informação está facticamente assegurado ao ente controlador, quer através do exercício do poder de influência quer pela presença de administradores comuns. Para além disso, temos defendido que, não obstante inexistir um poder de direção do grupo equivalente ao que vigora nos grupos de direito – o que levaria a rejeitar pretensão de informação[122] –, dentro de determinados limites, o exercício do poder fáctico de direção é legítimo, sendo admitidas inclusivamente instruções desvantajosas, sujeitas à existência de "vantagens compensatórias" num horizonte temporal razoável, em princípio correspondente ao ano económico.

Verificámos que nos "grupos de direito" (assentes em contrato de subordinação ou domínio total) é possível a emissão de instruções desvantajosas, ao abrigo do artigo 503º, razão pela qual vigoram os mecanismos de tutela aludidos: *maxime*, a responsabilidade por dívidas prevista no artigo 501º e a responsabilidade por perdas consagrada no artigo 502º, para além dos meios de tutela dos sócios livres no caso de contrato de subordinação (artigos 493º ss.).

Nos grupos de facto, perante a ausência de regime análogo, poderia negar-se a possibilidade de serem dadas instruções desvantajosas à sociedade dominada, considerando ilícitos todos os grupos de facto em que a sociedade-filha é instrumentalizada pela *holding* em seu desfavor: não existindo regra como a do artigo 503º, o sócio dominante estaria em absoluto impedido de lesar a sociedade dominada e a administração desta sociedade não poderia cumprir eventuais instruções desvantajosas ou, a qualquer outro título, praticar atos suscetíveis de lesar a sociedade, pois estaria sujeita aos padrões gerais de conduta do artigo 64º. Não vigorando regras especiais de proteção, não haveria alternativa senão tratar a situação como uma sociedade independente.

Simplesmente, a obediência da administração ao sócio controlador é um dado de facto que o direito não pode e, sobretudo, não tem interesse em combater: uma solução puramente proibitiva elimina qualquer possibilidade de aproveitamento das vantagens que a integração no grupo pode envolver. Na verdade, os grupos não acarretam só desvantagens

---

[122] Como faz Sven H. Schneider, *Informationspflichten* cit., 152.

para a sociedade controlada, antes trazem também benefícios. A instrução desvantajosa emitida num determinado momento pode vir a ser compensada com instruções vantajosas noutro momento, em benefício de todos. Assim, por exemplo, a sociedade dominada pode ser levada a prestar uma garantia (gratuita) a favor de outra sociedade controlada pelo mesmo sócio dominante mas, num momento posterior, vir ela, por seu lado, a beneficiar de uma garantia de outra sociedade do grupo, tal como pode, por exemplo, ser privada temporariamente de liquidez em virtude da participação em sistemas de gestão centralizada de tesouraria (*cash management, cash pooling*) mas ser beneficiada por uma ulterior injeção de liquidez. São exemplos que permitem demonstrar que é necessária uma visão integrada do problema do poder de instrução nos grupos de facto.

É neste contexto que, em alternativa a uma postura puramente negativa, se admite a juridificação ou legalização dos grupos de facto, com base na consideração de que, do ponto de vista da realidade económica, há interesse em promover os grupos mesmo que não assentes em domínio total ou contrato de subordinação (eficácia produtiva, ganhos sinergéticos, serviços partilhados, *goodwill* do grupo, etc.). O objetivo deve ser permitir a gestão unitária com a máxima amplitude compatível com a proteção dos interesses em causa.

Este posicionamento vai ao encontro da atual perspetiva sobre os grupos fácticos nos principais ordenamentos estrangeiros, que vêm afirmando a respetiva legitimidade: assim acontece em Itália, após a reforma de 2003 do *Codice Civile*, que eliminou as dúvidas anteriormente existentes quanto à sua licitude sem dependência de qualquer instrumento específico e, na Alemanha, onde, apesar de algumas hesitações, também se aceita hoje dominantemente a sua licitude.

Neste último ordenamento, alguma doutrina tem reconhecido que, nos grupos de facto, embora não exista previsão legal de instrumentos capazes de permitir a sociedade-mãe estabelecer uma política de grupo, a circunstância de a lei presumir que do domínio resulta a direção económica unitária (§ 18, 1, S. 3, AktG) mesmo na ausência de contrato de subordinação (*Beherrschungsvertrag*) aponta no sentido de que a gestão unitária do grupo seria permitida, o que a regra do § 311 AktG confirmaria, ao prever a obrigação de a sociedade dominante compensar as perdas anuais infligidas à dominada. Discute-se, pois, se esta obrigação altera a resposta quanto à (i)legalidade da atuação da sociedade-mãe. Segundo uma corrente a ilicitude manter-se-ia. Na linha de que, tal como no direito civil a obrigação de indemnizar não torna lícita a causação de danos, também aqui a previsão de uma obrigação *sui generis* de compensação não pode legitimar a lesão dos interesses da sociedade-filha. Esta visão vem, porém, sendo ultrapassada pela ideia de que, no mínimo, haverá uma tolerância do legislador, quando não mesmo verdadeira autorização legal para o exercício da gestão unitária fora do grupo contratual[123]. Esta corrente é atualmente dominante, o que implica que, neste ordenamento, se aceita o exercício do poder de gestão e, portanto, a direção económica unitária do grupo, que pode envolver a emissão de instruções desvantajosas, sujeita ao requisito de que estas sejam compensadas por vantagens correspondentes no prazo do exercício económico.

Em Itália, com a referida reforma do *Codice Civile*, ficou fora de dúvida que o respetivo ordenamento jurídico não encara a atividade de direção e coordenação como fenómeno patológico. Pelo contrário: o legislador, confrontado com duas soluções de fundo possíveis para a situação de ingerência da controladora na controlada – como dado patológico ou como dado fisiológico –, considerou o exercício da direção unitária do grupo, com respeito por determinados limites, conatural ao poder de controlo e, nessa medida, lícito[124]. A lei italiana orienta-se, na verdade, por um *princípio de facticidade* ou *efetividade*. Que a atividade de direção e coordenação é em princípio legítima (salvo violação dos princípios da correta gestão empresarial) é comprovado pela disciplina publicitária contida no artigo 2497-*bis*, pelo dever de fundamentação das decisões influenciadas pela sociedade-mãe, nos termos do artigo 2497-*ter*, pelo direito de exoneração do sócio previsto no artigo 2497-*quater*, ou ainda pela remissão do art. 2497-*quinquies* para o artigo 2467, no tocante aos financiamentos intragrupo. Surge, licitamente, um novo centro de poder decisório, capaz de operar de facto profundas transformações estruturais e patrimoniais na sociedade sujeita à direção e coordenação,

---

[123] Para uma síntese das diversas posições, com mais referências, cf. FLORIAN MADER, *Der Informationsfluss* 231 ss.

[124] Sublinhando, com razão, este aspeto, cf. SACCHI, *Sul gruppi nel progetto Mirone*, GiurCom 27.3, mai.-jun. 2000, 358-369 (359 e 366); VALZER, *Il potere di direzione e coordinamento di società tra fatto e contratto*, em *Il Nuovo Diritto delle Società. Liber amicorum Gian Franco Campobasso*, vol. III, Torino, 2007, 833-885 (853 ss.).

justificando-se, por isso, a regulamentação especial consagrada[125]. A *fattispecie* da "direção e coordenação" ocupa, neste contexto, o núcleo da regulamentação dos arts. 2497 ss. do *Codice*, correspondendo, genericamente, ao conceito de "direção unitária", mas tornando claro o imperativo de atender aos interesses da pluralidade de sujeitos envolvidos, sem se basear na prevalência do interesse da *capogruppo*, o que obriga à definição de uma política de grupo compatível com os diversos interesses presentes. É nesse contexto que se compreende a norma do artigo 2497, 1º par., parte final, ao determinar que não existe responsabilidade quando falta o dano à luz dos resultados globais da atividade de direção e coordenação ou quando este for eliminado na sequência de operações a tanto dirigidas. A norma deve ser interpretada no cenário do debate sobre a admissibilidade das chamadas "vantagens compensatórias". Na verdade, mesmo antes da Reforma de 2003, a doutrina vinha aceitando a gestão unitária, com a permissão para a emissão de instruções desvantajosas, desde que existissem "vantagens compensatórias". A doutrina italiana confrontava-se com as dificuldades práticas associadas à inexistência de uma disciplina legal sobre grupos de sociedades, trabalhando a ideia do alargamento do âmbito da direção unitária condicionado à compensação das desvantagens infligidas. Hoje, à luz do art. 2497 do *Codice*, a discussão transferiu-se, fundamentalmente, para o problema do enquadramento dogmático das "vantagens compensatórias" no âmbito do dano ou no da *fattispecie* de ilícito[126].

Em suma, no que para o problema que nos ocupa importa, bem se vê que o exercício de uma direção económica unitária, mesmo na ausência de contrato de subordinação ou de domínio total, não é necessariamente patológico. Também no direito português, verificados certos pressupostos, é possível aceitar-se a licitude dos grupos de facto, o que significa que é legítima a emissão de instruções ainda que desvantajosas,

---

[125] Cf. VALZER, *Il potere* cit., 854 ss.
[126] Segundo R. SACCHI, *Sulla responsabilità da direzione e coordinamento nelle riforma delle società di capitali?*, GiurCom 30.5, set.-out. 2003, 661-677 (674 e 675), a reforma de 2003 teria afastado liminarmente o problema da determinação da noção de vantagem compensatória, ao introduzir a norma do art. 2497-*bis*, 5º comma, que impõe aos administradores que indiquem, no relatório de gestão, as relações empreendidas com outras sociedades no âmbito da atividade de direção e coordenação, bem como os efeitos desta atividade sobre as mesmas, com consequências ao nível do ónus da prova.

desde que estejam cumpridos certos requisitos. Sustentar a solução contrária iria significar, na prática, a ilicitude de múltiplos esquemas atualmente vigentes entre sociedades em relação de domínio, incluindo, no plano financeiro, mecanismos tão correntes como o *cash-pooling* ou a concessão de empréstimos ou garantias intragrupo que podem implicar desvantagens pontuais mas suscetíveis de compensação por vantagens futuras. Nessa base, será justificável a sua legitimidade, permitindo afirmar que os administradores da sociedade dominante que aceitam a celebração dos negócios em causa não violam os seus deveres de cuidado e diligência.

Sem desenvolver nesta sede o tópico, podemos sintetizar dizendo ser seguro que não é possível a emissão de instruções lesivas do interesse da sociedade controlada que apenas tenham como contrapartida uma vantagem para outra sociedade do grupo, sem que, direta ou indiretamente, a sociedade atingida venha, ela própria, a beneficiar da integração no grupo. Não é suficiente, designadamente, a medida ser tomada no "interesse do grupo", ao contrário do que acontece nos grupos de direito. Se, porém, a sociedade em causa puder vir a beneficiar, num momento posterior, de medidas ou atos resultantes da sua integração no grupo, não haverá que negar essa possibilidade, considerando os interesses das sociedades envolvidas. É viável encontrar mecanismos de proteção dos demais interesses eventualmente afetados que possibilitam aproveitar as potencialidades da integração num grupo de facto, a partir do princípio da lealdade.

Este permite expandir o campo de atuação da autonomia privada e o aproveitamento das virtualidades de uma gestão duradoura e ampla, mesmo quando não fundada nos instrumentos tipicamente previstos no ordenamento jurídico português: é possível, assim, desenvolver uma direção económica unitária embora sem base em contrato de subordinação e sem que a sociedade-mãe detenha 100% do capital social, desde que esta respeite os seus deveres de lealdade para com as sociedades do grupo, o que significa, essencialmente, um dever intensificado[127] de evitar danos ou um dever de compensar os danos causados.

Ao abrir a possibilidade de compensação de danos, o princípio da lealdade intervém não num sentido puramente proibitivo, mas antes

---

[127] Por confronto com a proibição geral do *neminem laedere*.

para definir os termos e os limites de admissibilidade da emissão de instruções desvantajosas nos grupos de facto. Ou seja, a lealdade vai desempenhar, no contexto do grupo, uma função dupla: (i) permite ampliar o espaço do poder de instrução da sociedade-mãe e, consequentemente, os limites da direção unitária, assumindo uma *função privilegiadora*; (ii) ao limitar o poder de direção e ao assegurar, simultaneamente, mecanismos de tutela *ex ante* e *ex post* dos interesses potencialmente afetados pela presença do grupo, cumpre também uma *função protetora*.

As duas funções articulam-se naturalmente: é a construção, *ex bona fide*, para lá do direito legislado, de sistemas de proteção que permite a institucionalização dos grupos de facto.

A expansão do campo da direção unitária torna necessário, justamente, que se encontre formas de tutela eficazes. O grupo de facto é, então, "legalizado" ou "juridificado" desde que sejam respeitadas as exigências, formais e materiais, que o princípio da lealdade comina, quer na fase da formação do grupo, quer na fase subsequente.

Se, designadamente, as instruções desvantajosas emitidas forem compensadas por medidas vantajosas para a sociedade prejudicada, não existe uma conduta ilícita geradora de responsabilidade civil. Em suma, o sistema que propomos visa permitir que, mesmo no grupo de facto, a sociedade-mãe possa dar instruções à sociedade-filha, eventualmente até desvantajosas, contanto que venha a compensar as desvantagens causadas.

Poderia pensar-se que a solução contraria o sistema de grupos de sociedades constantes do Código das Sociedades Comerciais. Este teria consagrado uma rígida separação entre a relação de grupo – no âmbito da qual são admissíveis instruções desvantajosas – e a relação de domínio – à qual se aplicariam as regras societárias gerais, com a consequente proibição de o interesse da sociedade dependente ser postergado. Uma vez que, à luz do Código, os grupos de facto correspondem a meras relações de domínio, não poderiam ser emitidas instruções desvantajosas, o que, quase invariavelmente, conduziria à ilicitude destes grupos, numa postura radicalmente oposta àquela que defendemos.

O argumento é, na realidade, puramente literal. O facto de não estar prevista a possibilidade de serem emitidas instruções desvantajosas não é, por si só, decisivo. Se se encontrarem mecanismos de proteção dos interesses potencialmente afetados, então torna-se viável considerar legítimas tais instruções que nunca se podem fundar apenas num "interesse do grupo". Nem se pense que o sistema proposto é demasiado complexo ou de duvidosa praticabilidade, em virtude das dificuldades de individualização e quantificação das desvantagens e da respetiva compensação. Estas não são, em rigor, superiores àquelas que se identificam noutras áreas do direito e que não constituem obstáculo que a jurisprudência e a doutrina não consigam ultrapassar[128].

Assim, a emissão de instruções desvantajosas é possível verificados determinados pressupostos, que visam assegurar a tutela dos interesses da sociedade-filha e dos seus sócios e credores, nomeadamente a existência de compensação. Até que esta ocorra, a medida desvantajosa é lícita mas só provisoriamente. Na ausência de compensação num lapso de tempo razoável, os danos causados à sociedade-filha (ou aos seus sócios e credores) devem ser ressarcidos pela sociedade-mãe.

Não é nosso objetivo detalhar as condições da compensação admissível ou demais mecanismos garantísticos. Remetemos, quanto a isso, para o que escrevemos noutros lugares. O que sublinhamos, tão somente, é que mesmo sem consagração legal deve admitir-se um espaço de legítima construção e funcionamento do grupo assente em participação inferior a 100%, o que pode ter implicações quanto à informação quer da sociedade-filha à sociedade-mãe (que pode igualmente exercer, é certo, o seu poder *fáctico* de acesso à informação, mitigando a questão) quer da sociedade-mãe à sociedade-filha.

4.3.2. O dever de informar como decorrência excecional do dever de lealdade: informação *upstream* e *downstream*

No que respeita à informação *upstream,* como resulta do que vimos, não se encontra qualquer base legal para o direito de informação da sociedade-mãe nem está consagrado um poder de direção nos grupos de facto que lhe possa servir de fundamento legal, à semelhança do que acontece nos grupos de direito.

Resta, pois, saber se existe algum fundamento não escrito que permita à sociedade dominante solicitar informações à sociedade-filha. Naturalmente que, sendo aquela sócia, pode pedir informação ao

---

[128] Quando a desvantagem não seja mensurável, resta concluir que a medida é ilícita, podendo contra ela reagir-se em sede de responsabilidade civil.

abrigo das regras gerais. Porém, nestes casos, estando a agir na qualidade de comum sócio, não há alternativa senão considerar que valem os fundamentos gerais de recusa, além de se aplicar o artigo 291º/7, que determina a disponibilização da informação aos demais sócios.

Na Alemanha, nega-se frequentemente a admissibilidade de pretensões de informação nos grupos fácticos, não obstante o regime do § 311 AktG. Mesmo admitindo que a sociedade-mãe pode implementar uma política de grupo daí não resulta automaticamente um direito à informação[129]. A circunstância de a lei aprovar (mais até do que tolerar) o grupo de facto não permitirá fundamentar uma pretensão de obter informação. A questão essencial estará em saber qual a finalidade do § 311 AktG e, mais precisamente, se o legislador quis *promover* positivamente o grupo ou apenas *aceitar* o exercício da gestão de facto. Se o fim normativo é a proteção dos acionistas externos, bem como dos credores da empresa dependente e se o grupo de facto foi aceite e legalizado mas *apenas como um facto inevitável*, não pode retirar-se da lei que o exercício da influência de facto é um objetivo a ser alcançado; nestes termos, do § 311 AktG não poderia extrair-se uma pretensão legal relativa à informação da subsidiária[130].

Deste modo, a sociedade dominante não teria qualquer direito à informação por faltar uma posição jurídica principal face à qual este surgisse como acessório: tal basear-se-ia numa supervalorização do reconhecimento legal do grupo de facto[131].

Quando muito entende alguma doutrina que a existência de deveres de lealdade e a "ligação especial" entre sociedades dominante e dominada poderia fundar deveres de informação em casos específicos. A suscetibilidade de ingerência na esfera jurídica da subsidiária seria, pois, razão para atribuir a esta última deveres de informação a partir do princípio da boa fé. Simplesmente, como sublinha FLORIAN MADER[132] não basta a genérica invocação da ligação especial para fundamentar a existência de um dever de informar. Não obstante tornar aplicável o dever de boa fé do § 242 BGB, fica ainda por demonstrar a necessidade

---

[129] Cf. MADER, *Der informationsfluss* cit., 233 e 234.
[130] MADER, *Der informationsfluss* cit., 247.
[131] Cf. MADER, *Der informationsfluss* cit., 268 e 269.
[132] *Der Informationsfluss* cit., 262.

da informação, que segundo o Autor faltaria por a lei não ter erigido o exercício fáctico da influência como um objetivo a ser prosseguido.

Entre nós, falta em absoluto a própria regulação legal. Por outro lado, não parece que se possa retirar dos deveres de lealdade da sociedade dominada um *dever geral* de os seus administradores informarem a sociedade dominante para além do dever de informar o sócio *qua tale*, nos termos expostos. Contudo, do princípio da boa fé e da lealdade pode, em concreto, resultar uma resposta diferente.

Assim, se em regra não há direito de informação da sociedade dominante a não ser na qualidade geral de sócia (quando o seja), em circunstâncias estritamente excecionais, a resposta negativa fechada pode não ser adequada. Pensamos nos casos a que temos aludido em que, apesar de a sociedade dominante não deter a totalidade do capital social e não existir portanto uma autorização legal expressa para o exercício de uma direção económica unitária, esta seja implementada com vantagem para a sociedade dominada, que pode beneficiar em planos diversos, nomeadamente de empréstimos ou garantias, podendo participar em sistemas de gestão centralizada de tesouraria, tirar partido de serviços partilhados ou de trabalhadores de outras sociedades do grupo, bem como adquirir bens ou serviços em condições mais favoráveis, entre outros benefícios associados à integração num grupo. Neste contexto, a sociedade dominada aceita, é certo, pontualmente, a execução de medidas desvantajosas mas sempre em contrapartida de vantagens como as descritas. Já atrás apontámos que não haverá que obstar a esta prática – subjacente a muitos esquemas atualmente em vigor, ainda que não expressamente reconhecidos enquanto tal – desde que existam estas "vantagens compensatórias" e que, portanto, se identifique uma verdadeira política de grupo, que não corresponda, simplesmente, ao sistemático sacrifício da sociedade dominada.

Este enquadramento vale também no que toca aos pedidos de informação: se a sociedade-filha beneficia da sua integração no grupo de facto, designadamente através de mecanismos económico-financeiros como os atrás referidos, de tal maneira que a instituição da direção económica unitária a partir do poder de influência não põe em causa os princípios societários, deve reconhecer-se um expresso direito a obter informação fundado nos deveres de lealdade da sociedade-filha. Trata-se, porém, de reconhecimento estritamente excecional que apenas poderá ser comprovado *ad hoc* por via de uma detalhada análise da estrutura prática do concreto grupo societário considerado e, sobretudo, do conjunto das relações estabelecidas entre sociedade-mãe e sociedade-filha. Estão em causa, no fundo, situações em que a rejeição da transmissão da informação requerida pela sociedade dominante seria vista como abusiva à luz do princípio da boa fé e em que, em última análise, seria convocável a proibição legal de abuso de direito, consagrada no artigo 334º do Código Civil. Confere-se, simplesmente, uma formulação positiva a partir dos deveres de lealdade.

Sem prejuízo do que fica escrito, o direito à informação no grupo de facto releva sobretudo da perspetiva da sociedade-filha, que, ao contrário da sociedade-mãe, não está em condições de obter a informação em termos estritamente fácticos. A não lhe ser concedida uma pretensão jurídica, fica dependente, em exclusivo, da vontade de informar da sociedade controladora. Ora, julgamos que, em certos casos, quando a sociedade controladora exerça o seu poder fáctico de direção, a sociedade-filha deve ter um correspondente direito de informação[133], fundado também no princípio da lealdade. Já vimos que nos grupos de direito não se duvida da obrigação de a sociedade-mãe fornecer à sociedade-filha todos os elementos necessários à verificação da licitude e à forma de executar as instruções. Porém, em certos casos a resposta tem de ser a mesma ainda que a lei não reconheça os grupos enquanto tais: sendo emitidas instruções, é imperativa a prestação de informação para que exista o controlo da sua licitude, inclusive do ponto de vista da confirmação das correspondentes vantagens compensatórias quando as instruções sejam desvantajosas, na linha da explicação anterior.

Logo, apesar de em princípio não haver deveres de informação fora de um grupo de direito, a solução perante o caso concreto dependerá sempre do grau de imbricação das sociedades: se a sociedade-mãe tirar partido da sua posição de poder para instituir, em seu benefício, uma unidade económica, tem o inerente dever de informar a sociedade-filha, na linha clássica de respeito pelo binómio poder-responsabilidade.

---

[133] Não são procedentes os argumentos em sentido contrário apresentados por UWE H. SCHNEIDER, *Informationspflichten* cit., 170, assentes nos riscos que decorreriam de semelhante expansão dos deveres informativos.

A resposta não é de estranhar à luz da defesa, que temos feito, de que a existência de uma ligação especial ao nível do grupo ou "conexão de grupo" constitui fundamento da imposição de deveres de lealdade, quer da sociedade-mãe para com a sociedade-filha, quer da sociedade-filha para com a sociedade-mãe.

O poder de direção que assiste de facto à sociedade controladora coloca-a numa posição que justifica a atuação em concreto do princípio da boa fé. A sociedade dominante encontra-se em posição de assumir a direção unitária das sociedades envolvidas, manifestando-se bem o agravamento da suscetibilidade de exercício de influência (*Einflussmöglichkeit*) no grupo. Seja *de jure*, seja em termos puramente fácticos, a sociedade controladora ocupa uma particular posição de poder perante a sociedade controlada (e perante os restantes sócios desta última), em consequência da conexão propiciada pelo grupo, justificando-se, pois, a imposição de deveres de lealdade mais intensos do que os que resultam do dever geral de evitar danos para terceiros, cuja violação é sancionada no plano (meramente) delitual. Decerto que estes deveres não se traduzem numa proibição absoluta de causar danos: a possibilidade de emissão de instruções desvantajosas para a sociedade controlada e, consequentemente, para os seus sócios está expressamente consagrada quanto aos grupos constituídos por contrato de subordinação (artigo 503º) e vimos que mesmo nos grupos de facto é possível delimitar uma zona de admissibilidade de instruções desvantajosas que não põe em causa a lealdade.

Poderia pensar-se que a imposição de deveres de lealdade no grupo se justificaria pela instituição de uma relação de confiança emergente do controlo. Já rejeitámos, porém, esta perspetiva. A natureza da relação de controlo interempresarial não se coaduna com semelhante presunção ou ficção de confiança, pois em causa estaria supor que os entes empresariais envolvidos esperariam ou confiariam que as demais empresas relacionadas atuassem de forma a evitar danos na respetiva esfera jurídica, quando é certo que a empresa controladora, aproveitando as possibilidades conferidas pelo ordenamento jurídico, pretende, tão-somente, maximizar o interesse próprio, instrumentalizando as empresas controladas, eventualmente infligindo-lhes desvantagens, sem prejuízo dos limites exógenos – jus-positivos (*v.g.*, artigo 503º) ou emergentes de princípios (*maxime*, da lealdade) – que o ordenamento jurídico coloque à sua atuação. Assim se vê que não é possível considerar que é a expectativa do comportamento (a confiança) que justifica o operar *in concreto* do princípio da boa fé. A identificação de deveres de lealdade não fica, portanto, dependente da apreciação caso a caso dos requisitos da tutela individual da confiança.

Mesmo os autores que recorrem à confiança para alicerçarem os deveres de lealdade do sócio maioritário completam, invariavelmente, as respetivas construções com recurso ao poder de influência do sócio na esfera jurídica alheia (da sociedade e dos outros sócios): fundamento do dever de lealdade seria, pois, a confiança resultante do poder de influência, cumprindo a dupla função de proteção da confiança (*Vertrauensschutz*) e de controlo de intervenções danosas (*Einwirkungskontrolle*)[134]. Torna-se claro que é puramente artificial a menção da confiança: materialmente, não se está a fundar os deveres de lealdade na expectativa do comportamento mas antes, simplesmente, no poder de ingerência na esfera jurídica alheia.

Assim, o critério geral decisivo de operatividade dos deveres de lealdade derivados da boa fé não é, nas situações de controlo interempresarial, a relação de confiança entre sociedades ou entre estas e os administradores do grupo. Os deveres de lealdade nascem sempre que há controlo e por causa do controlo, em virtude do referido poder de ingerência, e estendem-se até onde não é já possível afirmar uma relação de confiança.

Os deveres de lealdade assumem, pois, uma função de controlo da possibilidade de influência (*Einflussmöglichkeit*) dos sujeitos em posição de causar danos, traduzindo o princípio geral, vigente no nosso ordenamento jurídico, da correlação poder–responsabilidade.

É verdade que, devido ao caráter transversal do princípio da boa fé, todo o sócio, pelo facto de o ser, vê a sua atuação limitada por deveres de lealdade, os quais integram o *status socii*. Só que a atuação *in concreto* destes deveres tem relevância especificamente nos casos em que o sócio adquire uma posição intensificada de poder, com a consequente possibilidade de ingerência na esfera jurídica alheia. Em suma, a boa fé constitui princípio geral de direito, aplicável também no direito societário,

---

[134] Cf., por todos, WELLENHOFER-KLEIN, *Treupflichten im Handels-, Gesellschafts- und Arbeitsrecht. Eine Untersuchung zum deutschen, ausländischen und europäischen Recht*, RabelZ 64/2000, 564-594 (587); HENZE, *Treuepflichtwidrige Stimmrechtsausübung und ihre rechtliche Folgen*, em *Gesellschaftsrecht 1995*, Köln, 1996, 1-21 (7).

cuja eficácia operativa é alcançada quando está em causa a prevenção de danos na esfera dos sócios ou da sociedade, *maxime* provenientes da posição de poder em que se encontra investido o sócio, na sua relação com os demais sócios ou com a própria sociedade.

Claro que não basta invocar o princípio da correlação poder-responsabilidade para fundamentar os deveres de lealdade, antes necessita este de ser complementado para obter efetiva valência operativa. Essa tarefa já foi empreendida em termos gerais, através da identificação de uma conexão especial (*Sonderverbindung*), correspondente a "relacionamentos específicos"[135], que determinariam um "parâmetro qualificado de conduta"[136]. No que respeita aos grupos de sociedades, seria possível falar de uma ligação especial de grupo (*konzernrechtlichen Sonderverhältnis*), atribuída à elevada possibilidade de influência da sociedade-mãe sobre a sociedade-filha, que justificaria uma "proibição de danos no grupo"[137].

A própria integração no grupo serve de elemento que permite afirmar uma conexão entre sociedades sem qualquer ligação entre si (no plano vertical ou horizontal) a não ser aquela que resulta da mediação oferecida pelo grupo. O que quer dizer que o controlo interempresarial justifica, *prima facie*, deveres de lealdade da empresa controladora perante a empresa controlada mas que estes deveres irradiam depois para a dimensão do grupo, configurando-se como deveres multidirecionais, vinculando a pluralidade dos membros do grupo aos demais, ainda que com conteúdo e intensidade distintos.

Naturalmente que, devido ao princípio transversal da correlação poder–responsabilidade, os deveres de lealdade das empresas do grupo apenas atingem plena eficácia operativa perante a posição de poder em que a sociedade se encontre em face de outra ou outras.

Sendo implementado *de facto* um grupo – cuja possibilidade de juridificação temos sustentado – é possível surgirem constelações em que

---

[135] Entendidos em sentido amplo. Assim, por exemplo, para efeitos da aplicação do § 242 BGB, bastaria um "contacto social qualificado". Cf., *v.g.*, HEINRICHS, em *Palandt Bürgerliches Gesetzbuch*, 68ª ed., München, 2009, § 242. A ideia de ligação especial representa – como nota KREBS, *Sonderverbindung und ausserdeliktische Schutzpflichten*, München, 2000, 573 – uma expansão do conceito de obrigação, que não implica, todavia, o abandono do conceito de obrigação em sentido estrito.

[136] CARNEIRO DA FRADA, *Uma "terceira via" no direito da responsabilidade civil?*, Coimbra, 1997, 53.

[137] Cf. REINER, *Unternehmerisches Gesellschaftsinteresse und Fremdsteuerung*, München, 1995, 177 ss.

os deveres de lealdade da sociedade-mãe impõem a prestação de informações à sociedade-filha, sempre que tal seja necessário do ponto de vista da implementação das instruções, seja do controlo dos respetivos limites. Não existe uma resposta única *a priori* para os problemas de informação nos grupos, mas, como princípio geral, quando a sociedade controladora exerça o seu poder fáctico de direção, a sociedade-filha adquire, *ex vi* da lealdade que lhe é devida pela sociedade-mãe, o direito de obter desta a informação relevante para decidir sobre o cumprimento de instrução ou adoção de medida por aquela determinada.

Significa isto que o administrador que divulgue informação nestas circunstâncias não viola o seu dever de confidencialidade nem qualquer dever previsto no artigo 64º, pois está a agir no cumprimento dos seus deveres de informação *ex bona fide*.

4.3.3. Igualdade no acesso à informação. O artigo 291º/7, em especial

Fora do caso do grupo constituído por domínio total, o fornecimento de informações à sociedade-mãe é suscetível de levantar uma dificuldade adicional, em virtude da dúvida sobre a aplicabilidade de um princípio de igualdade do acesso à informação. Nas sociedades por quotas, a igualdade está à partida assegurada pela própria suscetibilidade de qualquer sócio colocar questões sobre a gestão; nas sociedades anónimas, vistas as restrições adicionais, o artigo 291º/7 ("direito coletivo à informação") determina que as informações prestadas, voluntariamente ou por decisão judicial, ficarão à disposição de todos os outros acionistas, na sede da sociedade. Pergunta-se, pois, se a informação que seja disponibilizada a um acionista deve ser divulgada aos demais, o que pode consubstanciar entrave prático ao funcionamento do grupo.

Na Alemanha a questão foi discutida a respeito do § 131, 4, AktG, nos termos do qual, quando a informação tenha sido prestada a um acionista, nessa qualidade, fora da assembleia, a mesma informação deve ser prestada a qualquer outro acionista que o requeira, em assembleia, mesmo quando a mesma não seja necessária para a adequada ponderação de qualquer ponto da ordem de trabalhos. Como dá nota José Ferreira Gomes[138], alguma doutrina tem sustentado a inaplicabilidade do preceito aos grupos de facto, tendo em conta a necessidade

---

[138] Cf. José Ferreira Gomes, *Da administração* cit., 214, nota 724

de criar condições operativas para a direção unitária. Segundo outros, mesmo a simples dependência justificaria o tratamento diferenciado dos acionistas.

A solução de maior abertura encontra razões de peso, apesar das dificuldades resultantes de o alcance da obrigação de divulgação de informação, no ordenamento alemão, ser amplíssimo, dificultando muito as interpretações que procuram flexibilizar a prestação de informação à sociedade dominante, evitando a sua divulgação aos restantes sócios[139].

Na verdade, em conformidade com o referido § 131, 4, AktG, o órgão de administração não pode recusar a prestação de tal informação com os fundamentos elencados no § 131, 3, S. 1, Nr. 1 a 4, o que inclui, nomeadamente, para o que neste contexto pode relevar, a circunstância de a informação causar, de acordo com um juízo de probabilidade, danos à empresa ou a uma empresa afiliada (nº 1) e a prestação de informação tornar o órgão de administração responsável criminalmente (nº 4).

Simplesmente a *ratio* da regra é clara: se o acionista teve acesso à informação *em virtude da sua qualidade de acionista*, os demais acionistas, *em virtude dessa mesma qualidade e em nome do princípio da igualdade*, devem ter acesso à mesma informação. Ainda que isso se traduza numa quebra de outros valores dignos de proteção legal e o sacrifício possível do interesse social, a lei entendeu que devia prevalecer o interesse dos acionistas em acederem à informação em condições de igualdade com os demais.

Não se impõe a partilha da informação com os restantes sócios pois a sua posição não é igual à dos demais: não acedendo à informação na qualidade de sócio, não há razão para a norma se aplicar[140]. A solução, dada à luz da lei germânica, tem de ser a mesma no caso português por motivos idênticos, pois, também aqui, a *ratio* do pedido de informação não foi a qualidade de sócio: não se aplica o artigo 291º/7 nem diretamente nem por analogia, pois não é quebrada a igualdade entre acionistas no que respeita ao acesso à informação.

5. Deveres de informação ao serviço exclusivo da sociedade-mãe (e não do grupo como um todo)?

Para terminar, resta acrescentar que a última tipologia de pretensões de informação da sociedade-mãe que acima identificámos – aquelas que

---

[139] Cf. a análise das diversas posições levada a cabo por MADER, *Der informationsfluss* cit., 39 ss.
[140] MADER, *Der Informationsfluss* cit., 48.

servem apenas o interesse da sociedade-mãe e não do grupo como um todo – devem merecer resposta equivalente à que encontramos para o problema da admissibilidade da emissão de instruções desvantajosas sempre que os pedidos extravasem o âmbito normal do direito à informação do sócio e obriguem por exemplo à divulgação de segredos comerciais ou outra informação que em princípio não deveria ser revelada. A admissibilidade do pedido de informação depende da suscetibilidade de compensação dos efeitos lesivos da medida, nos termos anteriormente indicados.

Capítulo IV
Direito à Informação dos Sócios nos Grupos de Sociedades

1. Aspetos gerais

Para além das dimensões da informação dentro do grupo que já apontámos, é essencial ponderar, neste último capítulo, o direito *dos sócios*, quer da sociedade-mãe, quer da sociedade-filha, à informação sobre factos relativos a outras sociedades do grupo nas quais não detêm participações sociais. Já não tratamos, pois, da circulação de informações *entre sociedades* do grupo mas sim da prestação de informação *aos sócios* de uma das sociedades agrupadas. Pergunta-se se o pedido de informação endereçado à administração – quando possa ter lugar – incide apenas sobre a própria sociedade ou também sobre outras sociedades e, além disso, se pode ser diretamente dirigido ao órgão de administração da sociedade sobre a qual se pretende a informação.

O Código das Sociedades Comerciais só parcialmente responde às questões suscitadas. Em sede de regulação do direito à informação nas sociedades anónimas, o artigo 290º/1 (aplicável às sociedades por quotas *ex vi* do artigo 214º/7) determina que "o dever de informação abrange as relações entre a sociedade e outras sociedades com ela coligadas", e o artigo 290º/2 prevê a recusa da prestação das informações solicitadas, se ela puder ocasionar grave prejuízo à sociedade ou a outra sociedade com ela coligada. As normas respeitantes às sociedades em relação de grupo, por seu lado, nada estabelecem a respeito do dever de informação, deixando aberta importante lacuna, cujo preenchimento se impõe[141].

Tal obriga a questionar, antes de mais, se os sócios da sociedade diretora ou dominante têm o direito de solicitar e obter informações dos administradores da respetiva sociedade relativamente a assuntos internos das outras sociedades integrantes do grupo, ou se, pelo contrário, o seu direito à informação se restringe apenas às *relações* entre a sociedade-mãe e essas outras sociedades[142] [143]. A pergunta coloca-se em termos paralelos no que toca aos sócios da sociedade dominada (quando existam).

Em sede geral, a solução dos problemas de direito à informação dos sócios nos grupos de sociedades depende, por um lado, da ponderação das finalidades visadas pela atribuição deste direito e, bem assim, pelo conhecimento e compreensão do objeto e sentido das limitações que lhe são impostas pelo ordenamento jurídico, em conjugação, por outro lado, com a análise da posição dos sócios no contexto de sociedades em relação de domínio ou de grupo (*maxime,* neste último caso, de domínio total, a única existente na realidade económica).

Por esse motivo, impõe-se partir de um plano de análise geral do direito à informação dos sócios com vista a identificar o seu sentido e função no ordenamento jurídico-societário português, o que conferirá um primeiro padrão de avaliação das situações concretas para as quais o intérprete-aplicador procura soluções. Haverá, em seguida, que prosseguir para um maior grau de especialização em dois níveis: num primeiro importa considerar, à luz do critério inicialmente definido, as especificidades dos grupos de sociedades e o seu impacto no direito à informação; num segundo, importa distinguir as diversas modalidades de coligação, autonomizando a situação particular da detenção totalitária do capital, cuja especialidade veremos não ser indiferente na definição do âmbito do direito à informação, tendo em conta o respetivo regime legal, que

---

[141] Cf. JOÃO LABAREDA, *Direito à informação,* em *Problemas do direito das sociedades,* Coimbra, 2003, 119-151 (150).

[142] Defendendo que não há nenhum elemento que permita fundar a ideia de que os sócios de uma certa sociedade podem, por via dela, aceder também ao conhecimento de factos próprios de outras sociedades com ela coligadas, cf. JOÃO LABAREDA, *Direito à informação* cit., 148.

[143] A relevância da questão assume-se, naturalmente, quando os sócios não são comuns à sociedade-mãe e à sociedade-filha.

em muitos pontos radicalmente se afasta do regime societário geral ou mesmo do regime das restantes coligações societárias.

Em virtude destes sucessivos graus de particularização, começaremos por identificar o critério geral de aferição do direito do sócio a conhecer factos ou situações da sociedade, para depois avaliarmos as especificidades trazidas pela unidade económica característica do grupo, tendo nomeadamente em conta a situação particular de máxima unidade representada pela detenção de 100% do capital social.

2. Delimitação do direito à informação dos sócios *em geral*: do critério absoluto ao critério funcional

O direito à informação assume, no contexto atual, um papel cimeiro de entre o conjunto dos direitos dos sócios: integra, de forma destacada, o *status socii*, constituindo-se em termos potestativos perante situações que possibilitem a sua efetivação[144]. A importância conferida à informação pode, de resto, "ser avaliada pelo sancionamento penal do respectivo dever", como nota RAÚL VENTURA[145]. O próprio preâmbulo do Decreto-Lei nº 280/87, de 8 de julho, que alterou o Código das Sociedades Comerciais, sustenta a ampliação do direito à informação, considerando-o um *elemento fundamental* da atividade societária, que não deve ser entorpecido por razões que lhe retirem eficácia, mas sem que se torne, naturalmente, numa forma de devassa da vida interna da sociedade[146].

Em conformidade com o artigo 21º/1, *c*) o sócio tem o direito de obter informações sobre a vida da sociedade, nos termos da lei (*lato sensu*) e do contrato. Seguindo MENEZES CORDEIRO[147], "questão prévia, útil em todo o processo subsequente, é a de determinar o escopo ou a finalidade do direito à informação dos sócios. Esse escopo articula-se com as duas grandes dimensões das sociedades: a da colaboração e a da organização": sendo a sociedade – sobretudo a sociedade de pessoas – uma forma de exercício *em comum* da atividade económica (na linha do artigo 980º do

---

[144] MENEZES CORDEIRO, *Direito das sociedades* I, 3ª ed., Coimbra, 2011, 731.
[145] *Novos estudos sobre sociedades anónimas e sociedades em nome coletivo*, reimpr. da edição de 1994, Coimbra, 2003, 156.
[146] Cf. também CARLOS PINHEIRO TORRES, *O direito à informação nas sociedades comerciais*, Coimbra, 1998, 114 e 115.
[147] *Direito das sociedades* I cit., 730.

Código Civil), a informação é conatural à mesma; por outro lado, a informação (i) é condição da participação e do voto em assembleia geral, (ii) possibilita a fiscalização da administração, (iii) constitui meio importante de tutela das minorias e finalmente (iv) condiciona as decisões de investimento (e desinvestimento) e, com elas, o próprio mercado[148].

Sem prejuízo das funções que é chamada a desempenhar em termos instrumentais, a informação tem, primariamente, valor autónomo: não é "meramente instrumental ou puramente funcional"[149]. Como se pode ler no Acórdão do STJ de 29 de outubro de 2013, "os sócios carecem de estar informados sobre a vida da sociedade, de modo a poderem influir nela, disso podendo depender, em boa parte, a realização do seu interesse em participar nos lucros, razão pela qual o direito à informação é um direito social autónomo, mais que um direito instrumental em relação a outros direitos, designadamente, o direito aos lucros, o direito de voto, o direito de impugnação das deliberações sociais e o direito de acção de responsabilidade contra os administradores".

Lembre-se também, a este respeito, as palavras de MENEZES CORDEIRO: "o Direito português configura a informação como um elemento *a se*: autónomo de quaisquer concretas finalidades. Estas só relevam pela negativa, quando se pretenda usar a informação para fins estranhos à sociedade ou para prejudicar terceiros. E assim substancializamos a informação. Parte integrante do *status* de sócio, ela dá corpo à propriedade privada, à livre iniciativa económica e à própria liberdade de associação. Vale por si. Não é instrumental"[150] ou, pelo menos, não se esgota nessa dimensão.

Esclareceu o STJ em acórdão de 11.06.2002[151] que "certamente que é correcto afirmar o carácter instrumental do direito à informação. Todavia, o exercício de tal direito não postula que, a seguir, o accionista tenha que utilizar a informação no exercício de um qualquer outro direito de sociedade, ou que tenha que justificar o pedido de informação com a perspectiva de exercício de um outro direito. É que o conhecimento dos negócios da sociedade, isto é, daquilo que também pertence ao requerente em medida de relevo (...), do seu estado, do modo como

---

[148] MENEZES CORDEIRO, *Direito das sociedades* I cit., 730 ss.
[149] MENEZES CORDEIRO, *Direito das sociedades* I cit., 734 ss.
[150] MENEZES CORDEIRO, *Direito das sociedades* I cit., 734 ss.
[151] Processo 1759/02, Colectânea de Jurisprudência, Tomo II/2002.

são conduzidos, já satisfaz, de per si, um interesse legítimo do sócio ou sócios requerentes. [...] O direito à informação pode servir interesses legítimos dos accionistas diferentes da função fiscalizadora. Há que evitar a tentação de restringir o âmbito do exercício do direito à informação".

Esta valia autónoma resulta, antes de mais, da configuração da sociedade como instrumento ao serviço dos sócios, seus proprietários, representando a informação a primeira forma de mitigar o tradicional distanciamento entre a *propriedade* da empresa e a *gestão*, amenizando os "conflitos de agência" e permitindo colocar os sócios – maioritários e minoritários – em posição de igualdade no que toca ao acesso a assuntos internos da sociedade. Ou seja, a informação está no centro de um dos mais relevantes pilares do bom governo societário, devendo a sua importância ser devidamente sublinhada[152]. Toda a solução que se encontre para problemas colocados nesta órbitra deve, pois, recordar a relevância central do direito à informação em matéria de alinhamento de interesses potencialmente conflituantes. É assim na sociedade comercial isolada e é assim, por maioria de razão, nos grupos de sociedades.

Lembre-se, de resto, que, tal como hoje configurados, os problemas de agência não se reportam apenas às relações verticais entre proprietários da empresa e administradores, mas também às relações horizontais, dos sócios entre si, primeiro no que respeita ao relacionamento entre controladores e minoritários e depois em termos mais amplos, em reconhecimento de que entre os próprios minoritários existem interesses conflituantes. Ao lado dos clássicos conflitos *principal-agente*, correspondentes ao tradicional conflito de agência entre sócios e administradores, decorrentes da separação entre "propriedade" e "controlo", identificamos também os chamados conflitos *principal-principal*, surgidos entre os proprietários (sócios) da empresa, e não entre estes e a administração (separação "propriedade-propriedade"), incluindo, designadamente, conflitos entre acionistas maioritários/controladores e acionistas minoritários, bem como conflitos entre diferentes sócios minoritários com interesses divergentes.

Os conflitos emergem fundamentalmente em caso de dificuldade ou impossibilidade de coordenação entre sócios, dificultando a monitorização da administração (separação propriedade-controlo). Impõe-se, pois,

---

[152] Cf. ANA PERESTRELO DE OLIVEIRA, *Manual de governo das sociedades*, Coimbra, 2017.

garantir que os interesses dos gerentes se encontram alinhados com os interesses dos sócios, existindo, para tal, diversos meios e técnicas: desde as regras de nomeação e composição do órgão de administração, até às regras sobre remuneração, aos deveres e responsabilidade dos administradores, passando pelas limitações à celebração de negócios com a sociedade, entre outros. No caso de estruturas de propriedade concentradas, o problema de agência desloca-se para o relacionamento entre sócios, justificando a referência à separação da propriedade da propriedade (*ownership from ownership*), com naturais reflexos na relação com a administração também.

Perante os diversos conflitos surgidos no seio da sociedade e as assimetrias informativas que lhes estão subjacentes assume importância de monta o direito à informação dos sócios. Este cumpre a finalidade *a se* de manter o conhecimento dos sócios – proprietários da empresa (*principals*) – sobre a sua sociedade e o controlo sobre o seu investimento, ao mesmo tempo que representa o primeiro instrumento de alinhamento de interesses dos sócios, na sua relação com a administração e os demais sócios. Está em causa facultar ao sócio o conhecimento do estado da sociedade e da gestão dos assuntos sociais, "motivando os sócios a interessarem-se pela vida da corporação", pelo que este direito "mergulha a sua essência na própria noção de sociedade, tal como ela é consagrada pelo ordenamento jurídico-positivo"[153]. Por isso, "estamos perante um direito corporativo e estruturante"[154], que permite aos sócios conhecerem a gestão do fundo comum para que contribuíram, mas que opera também no interesse social[155]. Daí que haja uniformidade na doutrina no reconhecimento de que o primeiro fundamento do direito à informação é a circunstância de o sócio entrar para a sociedade com o seu dinheiro[156] e o capital da sociedade ser, afinal, "seu".

Evidentemente que o valor autónomo da informação não afasta a sua concomitante relevância funcional, sobretudo como meio para possibilitar a participação em assembleia geral e para controlar a administração:

---

[153] Como escreve João Labareda, *Direito à informação* cit.,129.
[154] João Labareda, *Direito à informação* cit., 131.
[155] O que explica a sua inderrogabilidade, aliás. Cf., *v.g.*, João Labareda, *Direito à informação* cit., 134.
[156] Cf. Henrique Sousa Antunes, *Algumas considerações sobre a informação nas sociedades anónimas*, Direito e Justiça vol. IX 1995, Tomo 2, 193-228 (nota 29).

a participação ativa na vida da sociedade (pressuposta na natureza das sociedades por quotas e, hoje, erigida em objetivo nas sociedades anónimas) exige que aqueles que não participam na gestão – por não ter sido seguida a regra geral de que nas sociedades por quotas em princípio todos os sócios são gerentes – possam conhecer nos termos mais abrangentes possíveis os factos relevantes relativos à sua sociedade. Só assim podem decidir em assembleia geral e mais amplamente tomar opções em matéria de gestão do seu investimento. A instrumentalidade face ao controlo da sociedade assume também importância de relevo: são os sócios – que elegem, destituem e podem decidir a responsabilização dos gestores – o primeiro centro de controlo sobre o órgão de administração, em particular na sociedade por quotas como veremos, pois, nesta, os poderes conferidos por lei são consideravelmente mais amplos do que nas sociedades anónimas. Aliás, esta função de controlo, de que a informação é instrumental, além de permitir reagir à gestão deficiente, tem também um efeito preventivo que a doutrina vem destacando[157] e que não deve ser menorizado.

Nas sociedades por quotas, a particular importância da informação afirma-se na extensão que, em diversos planos, assume o artigo 214º do CSC. Nos termos deste preceito, "os gerentes devem prestar a qualquer sócio que o requeira informação verdadeira, completa e elucidativa sobre a gestão da sociedade e bem assim facultar-lhe na sede social a consulta da respetiva escrituração, livros e documentos. A informação será dada por escrito se assim for requerido" (nº 1). Em conformidade com o nº 3, a informação pode inclusive dizer respeito a atos cuja prática seja esperada, desde que sejam suscetíveis de fazer incorrer o seu autor em responsabilidade. O nº 4 determina que a consulta da escrituração, livros e documentos deve ser feita pessoalmente pelo sócio, que se pode fazer assistir de ROC ou outro perito, podendo ainda utilizar a faculdade prevista no artigo 576º do Código Civil, ou seja, "tirar cópias ou fotografias, ou usar de outros meios destinados a obter a reprodução da coisa ou documento, desde que a reprodução se mostre necessária e se lhe não oponha motivo grave alegado pelo requerido".

Nas sociedades anónimas, as limitações ao direito à informação do sócio são superiores, mas não porque a sua importância seja menor.

---

[157] Cf., v.g., João Labareda, *Direito à informação* cit., 129.

Simplesmente é necessário acautelar outros valores: desde a praticabilidade e risco de bloqueio da atuação do órgão de administração em caso de excessiva proliferação de pedidos de esclarecimento, até ao risco de uma divulgação demasiado alargada, tudo depõe no sentido de uma maior restrição do acesso à informação, traduzida sobretudo (mas não só), como é conhecido, no reconhecimento de um "direito mínimo" à informação dos sócios com 1% do capital sobre o conjunto de elementos elencados no artigo 289º e na restrição da suscetibilidade de colocar questões por escrito à administração aos sócios com 10% do capital social, ao abrigo do artigo 290º ("direito coletivo à informação"). Em matéria de informação nas sociedades anónimas, há ainda que contar com os artigos 290º e 291º, respetivamente sobre informações preparatórias e informações em assembleia geral.

Em abstrato, o direito à informação assume, como é sabido, três modalidades: o direito a receber do órgão de administração notícias e esclarecimentos sobre a vida da sociedade (o tradicionalmente designado direito à informação *stricto sensu*), o direito de consulta dos livros e documentos sociais e ainda o direito de inspeção dos bens que formam o património da sociedade (o qual aliás não está pelo menos expressamente consagrado no caso das sociedades anónimas)[158]. Na primeira vertente, está em causa o poder de solicitar à gerência "esclarecimentos, dados, elementos, notícias, descrições sobre factos, actuais e futuros, que integrem a gestão e a vida da sociedade". No segundo caso, importa ter presente que o direito de consulta abrange o direito de o sócio consultar *todos* os livros sociais e todos os elementos contabilísticos; além disso, porque se trata do controlo sobre a administração, a doutrina tem sublinhado, e bem, que "tal controlo não pode efetivamente efetuar-se senão através da consulta dos livros e documentos nos quais os factos e eventos sociais são expostos, ou seja, registos, facturas, extratos de conta, verbas de acertamento fiscal, atos judiciários e administrativos, contratos celebrados pela sociedade, etc."[159]. Repare-se que se tem acentuado a especificidade do direito de consulta, que faculta um acesso direto à informação, não intermediado pelos gestores: o exame direto dos docu-

---

[158] V.g. Sousa Antunes, *Algumas considerações* cit., 209 nota 31.
[159] Francesca Vessia, *Il sistema dei controlli nella società a responsabilità limitata*, Rivista del Diritto Commerciale ano CVII (2009), 907-999 (920 e 921).

mentos permite um superior (ou pelo menos diferenciado) grau de controlo, visto que, no direito à informação em sentido estrito, a fiabilidade da informação se baseia apenas no receio de sanções sobre o sujeito obrigado, ao passo que aqui a mesma está garantida à partida[160]. Não há nenhuma prevalência no exercício de um ou outro direito, podendo o sócio optar por colocar questões à administração ou solicitar a consulta de documentos: e pode, por exemplo, a mera consulta de documentos não ser suficiente para esclarecer o sócio e ser necessário dirigir o pedido de esclarecimento à administração; ou pode acontecer o contrário, sendo necessário o sócio pedir para consultar documentos por a resposta da administração não ter sido suficientemente esclarecedora.

Embora já conheça algumas restrições, por confronto com as sociedades em nome coletivo, a verdade é que a amplitude do direito à informação nas sociedades por quotas é manifesta, precisamente porque se encontra apegado à ligação pessoal do sócio com a sociedade[161]. Nas sociedades anónimas, as limitações são muito evidentes, seja pela restrição subjetiva dos sócios que podem solicitar as informações seja pela restrição objetiva do conteúdo do direito.

Quer nas sociedades anónimas, quer nas sociedades por quotas, naturalmente que a utilização de informação pode ser feita de forma ilícita.

Nas sociedades anónimas, rege o artigo 291º/6, de acordo com o qual "o accionista que utilize as informações obtidas de modo a causar à sociedade ou a outros accionistas um dano injusto é responsável, nos termos gerais". Dispõe, por seu lado, o artigo 214º/6 que "o sócio que utilize as informações obtidas de modo a prejudicar injustamente a sociedade ou outros sócios é responsável, nos termos gerais, pelos prejuízos que lhes causa e fica sujeito à exclusão". Na mesma linha situam-se os casos de direito de recusa de informação, que se encontram previstos no artigo 215º: as informações só podem ser recusadas "quando for de recear que o sócio as utilize para fins estranhos à sociedade e com prejuízo desta e, bem assim, quando a prestação ocasionar violação de segredo imposto por lei no interesse de terceiros".

Pretende preservar os segredos sociais e proteger a sociedade contra uma utilização indevida da informação pelo sócio: a diretriz é,

---

[160] FRANCESCA VESSIA, *Il sistema* cit., 922.

[161] Cf. v.g. SOFIA RIBEIRO BRANCO, *O direito dos accionistas à informação*, Coimbra, 2008, 161.

claramente, de restritividade. Eventuais fundamentos de recusa de informação são parcos: nas sociedades por quotas, o sócio tem, em princípio, direito de saber tudo sobre a vida social, em decorrência, antes de mais, da própria natureza personalística da sociedade, como melhor veremos. Por isso, com razão se afirma que "a impossibilidade de os administradores oporem o segredo social verifica-se frequentemente com referência às sociedades personalísticas, devido ao princípio do *intuitus personae* que as caracteriza, onde não ocorre senão um limitado risco de indiscrição e de emprego da informação para *gesellschaftsfremden Zwecken*"[162], i.e., para fins estranhos à sociedade. Entre nós, existe unanimidade na afirmação de que "nas sociedades por quotas, em regra o sócio pode obter informações sobre a vida da sociedade. A possibilidade de recusa dessa informação surge como exceção. Isto vale tanto para a informação em sentido estrito, como para a consulta da escrituração, livros e documentos e, bem assim, para a inspeção de bens sociais"[163].

O que está em causa, na recusa da informação, como aponta RAÚL VENTURA, é tão-somente o reconhecimento do perigo de as informações prestadas poderem ser usadas em prejuízo da sociedade. Este perigo é agravado nas sociedades anónimas, em virtude da facilidade de compra de ações, por confronto com as sociedades por quotas. Acresce que nas sociedades por quotas não se verifica o risco (típico das SA) de multiplicação de pedidos de informação, dado (tipicamente também) o menor número de sócios.

Assim, o direito à informação, referido à "gestão societária" ou, nas sociedades anónimas, aos "assuntos sociais", i.e., assuntos da vida da sociedade[164] (cf. artigo 291º), é de cariz muito amplo, sendo "idóneo para compreender, em abstrato, todos os aspetos daquela atividade: i.e., tudo o que respeita ao património e à gestão da empresa, os factos fundamentais para a determinação e repartição dos bens, mas ainda as relações internas e externas da sociedade ou no confronto com terceiros"[165]. Exemplos dados são *v.g.* o emprego do ativo patrimonial, os programas de aquisição e alienação, as relações comerciais, todas as relações contratuais, a concessão de empréstimos e garantias, as remunerações e

---

[162] FRANCESCA VESSIA, *Il sistema* cit., 924.
[163] ALEXANDRE SOVERAL MARTINS, em *CSC em comentário*, vol III, art. 215º, 310 e 311.
[164] RAÚL VENTURA, *Novos estudos* cit., 149.
[165] FRANCESCA VESSIA, *Il sistema* cit., 919.

"tudo o que possa ser relevante para o controlo do sócio"[166]: o caráter absoluto do direito de informação baseia-se na "ideia de que não subsista algum segredo entre a sociedade e os seus sócios"[167]. Há, na verdade, consenso na doutrina de que a mera referência à gestão da sociedade (sem mais delimitações) confere ao sócio uma ampla margem de atuação no que toca aos assuntos relativamente aos quais pode pedir informação: "ao sócio, no fundo, é permitido o pedido de informação sobre a gestão que compete ao órgão em questão"[168]. Tal inclui "os mais diversos elementos que integram a empresa social"[169], "desde informações relativamente a trabalhadores, credores, operações em curso, financiamentos, entre outros exemplos".[170] O limite serão as matérias que pertençam à esfera de competências do órgão interpelado, ou seja, a generalidade dos assuntos relativos à gestão ou administração da sociedade[171]. Existe uma delimitação positiva dos pedidos que aos sócios é permitido endereçar à gerência. No caso das sociedades anónimas, embora se restrinja o universo de sócios com direito de questionar a administração, desde que detenha 10% do capital social (isoladamente ou por via de agrupamento) o sócio pode dirigir perguntas ao administrador sobre "assuntos sociais", sem mais limitações objetivas.

Trata-se do direito "a obter informações detalhadas sobre as operações sociais *individuais*" e não em termos globais: a conceção é analítica e não sintética[172]. Pode, por outro lado, reportar-se operações já concluídas ou não, sendo certo que, neste caso, só pode solicitar a informação se os factos originarem responsabilidade para os seus autores, conforme vimos.

Como escreve FRANCESCA VESSIA, "o direito à informação sobre o desenvolvimento dos assuntos sociais é ilimitado, estendendo-se *teoricamente* a todos os aspetos da gestão. Isso não significa que não encontre limites no seu *concreto* exercício. Por isso, o sócio deve abster-se de uma ingerência na atividade social maior do que aquela que haja legitima-

---

[166] FRANCESCA VESSIA, *Il sistema* cit., 919, nota 36.
[167] FRANCESCA VESSIA, *Il sistema* cit., 925.
[168] DIOGO DRAGO, *O poder de informação dos sócios das sociedades comerciais*, Coimbra, 2009, 119.
[169] DIOGO DRAGO, *O poder* cit., 120.
[170] DIOGO DRAGO, *O poder* cit., 120, nota 149.
[171] DIOGO DRAGO, *O poder* cit., 121, nota 152.
[172] FRANCESCA VESSIA, *Il sistema* cit., 919.

mente razões para exercer tendo em vista a efetiva tutela do interesse protegido. Essencial é, portanto, que o exercício do direito a ser informado não constitua uma mera perturbação da atividade de gestão dos administradores"[173].

Atenção, porém, que, nas sociedades por quotas está em causa, como dito, um critério negativo, mais próximo do instituto do abuso do direito. O sócio não tem de demonstrar qualquer "motivo justificado", em homenagem à maior relevância e amplitude do direito à informação. Deve notar-se, aliás, que, nas próprias sociedades anónimas, tal exigência surge a respeito do "direito mínimo à informação" do artigo 288º – e mesmo aí é interpretada, genericamente, com grande amplitude – mas não no artigo 291º, que consagra o "direito colectivo à informação", que corresponde a uma forma de direito à informação em sentido estrito. Por tudo o que fica dito, tem sido apontado que, em especial nas sociedades por quotas, é necessária "uma leitura excepcional e pontual dos casos de recusa de informação"[174] e ainda que "a não prestação de uma informação coerente com a realidade societária significa privar o sócio do conhecimento sobre o projecto em que participa. Significa amputar a capacidade de presença e actuação do sócio nesse contexto. Negar-lhe um dos mecanismos essenciais para a satisfação dos interesses que se encontram enraizados e explicados nessa participação social"[175].

Assim, o princípio base nas sociedades por quotas é – bem se vê – o da liberdade de acesso. Só excepcionalmente não é facultado ao sócio o conhecimento dos assuntos da *sua* sociedade. *Trata-se de homenagem à qualidade de proprietário da empresa e forma de controlo sobre a gerência: a sociedade é dos sócios e, por esse simples facto, estes têm o direito a saber tudo o que não haja razões (de índole material ou prática) para não permitir*. E se nas sociedades anónimas a possível dispersão superior do capital conduziu à introdução de limites adicionais tal deveu-se, como dito, a razões de receio de utilização indevida da informação assim como de praticabilidade, o que não sucede nas sociedades por quotas, onde a lei é muito clara, em coerência com a sua configuração legal como sociedades de pessoas: "com efeito, na sociedade de responsabilidade limitada, pelo seu

---

[173] Francesca Vessia, *Il sistema* cit., 923.
[174] Diogo Drago, *O poder* cit., 248.
[175] Diogo Drago, *O poder* cit., 323.

caráter essencialmente fechado e pela maior relevância do *intuitus personae*, as necessidades de informação do sócio são maiores do que na anónima. Na própria origem da limitada como forma social diferenciada da anónima está a conveniência de configurar um modelo de sociedade que possibilite ao sócio a intervenção ativa na gestão dos negócios sociais"[176]. Nestes termos, "o sócio de uma sociedade de responsabilidade limitada não pode ser um simples aportador de capital – ainda que sem dúvida possa encontrar-se a figura do sócio investidor absentista, completamente desligado da gestão social –, senão alguém que se interessa pela marcha dos assuntos sociais, e que participa na gestão da sociedade e que, por conseguinte, há de ter acesso a determinadas informações que normalmente não se facilitam ao acionista"[177].

Assim é, pois, em termos gerais: a informação é, por um lado, necessária em si e por si, em nome do exercício em comum da atividade social e da pertença da sociedade ao sócio; é, por outro lado, exigência de participação nas assembleias gerais (incluindo de exercício do voto) e do controlo da gestão pelo sócio. Veremos, de seguida, que, nos grupos, o alargamento da informação a factos relativos a sociedade diferente daquela a que o sócio pertence é imposto tanto por razões funcionais – que se prendem precisamente com os direitos participativos e de controlo dos sócios – como enquanto exigência autónoma: em situação de unidade económica (e até certo ponto jurídica, como a que caracteriza o grupo constituído por domínio total), o sócio, independentemente mesmo de quaisquer concretas finalidades, tem eventual dircito (a verificar perante a concreta relação) a aceder aos factos e situações que condicionam o seu investimento, quer respeitem à sociedade de que é sócio quer a sociedade diferente mas que se encontra numa situação de unidade económica e jurídica com aquela. Existem, naturalmente, fundamentos de recusa, mas não a separação formal de entidades em si, quando esta não tem correspondência económica nem – como veremos – jurídica (cf., em especial, os artigos 501º e 502º). É quanto demonstraremos na análise subsequente.

---

[176] JUAN LUIS PULIDO BEGINES, *El derecho de informacion del socio em la sociedad de responsabilidade limitada (arts. 51 y 86 LSRL)*, Madrid, 1997, 57.
[177] JUAN LUIS PULIDO BEGINES, *El derecho de informacion* cit., 60.

No caso da sociedade por quotas, além de tudo, a sociedade perderia a sua fisionomia quando, por força da constituição de uma relação de grupo por domínio total, o sócio por quotas perdesse o controlo sobre a atividade da sociedade de que é proprietário. A sociedade por quotas é, ainda e sempre, uma sociedade de pessoas, centrada na pessoa do sócio. Se é certo que a separação entre "sociedades de pessoas" e "sociedades de capitais" só perante cada sociedade concreta pode ser aferida (tendo em conta a elasticidade do tipo social[178]), não deixam de se assumir as diferenças em relação às sociedades anónimas. Estas manifestam-se em diversos planos, com reflexo no referido maior alcance do direito à informação, que move a nossa análise. Lembre-se, sobretudo, os poderes significativamente mais amplos da assembleia geral na sociedade por quotas, à qual, nos termos do artigo 246º, não é *inclusive* vedado deliberar em matéria de gestão, devendo os gerentes obediência às deliberações sociais (artigo 259º), ao contrário das sociedades anónimas, onde os sócios só deliberam em matéria de gestão a pedido dos administradores (artigo 373º/3, sem prejuízo dos casos de competência *ex bona fide*, que adiante mencionamos), e onde vigora um princípio de independência da administração, expresso também no artigo 405º, nos termos do qual os administradores só devem obediência aos sócios nos casos expressamente previstos na lei. Nas sociedades por quotas, a informação está, pois, desde logo ao serviço deste poder de decisão, o que imediatamente convoca a sua maior amplitude.

Por outro lado, se o tendencial maior controlo dos sócios sobre a gerência significa, em princípio, uma menor relevância do problema da agência nas sociedades por quotas (aliás, em princípio todos os sócios são gerentes), a verdade é que não se dispensa uma atenção cuidadosa aos mecanismos de monitorização da administração e de gestão dos conflitos de interesses que inevitavelmente surgem, particularmente quando não existe um alinhamento de interesses entre os diferentes sócios e a gerência não está entregue a todos em conjunto. Para mais, o aligeiramento da estrutura de fiscalização nas sociedades por quotas (cf. artigo 262º) conduz à maior relevância do controlo levado a cabo pelos sócios, com o reforço relativo à necessidade de acesso à informação.

---

[178] Em virtude, sobretudo, da possibilidade de os sócios regularem contratualmente a transmissão de quotas ou a maioria relativa à alteração dos estatutos.

Sintetizando o ponto central, o direito de informação do sócio rege-se por um duplo critério delimitador:
- *Um critério absoluto*: o sócio tem direito a conhecer os factos da sociedade de que é "proprietário", contanto que não haja motivos para impedir o seu acesso aos mesmos e dentro dos limites da lei (mais amplos nas sociedades por quotas, onde o princípio é a informação; a exceção é a sua recusa). Trata-se de reconhecer a função da sociedade como forma de exercício em *comum* da atividade económica e a lógica de colaboração própria da sociedade, particularmente da sociedade com o pendor personalístico próprio da sociedade por quotas[179]. Em última análise deparamos com corolário do direito de propriedade privada, da liberdade de iniciativa económica privada e da liberdade de associação, como vimos: é o conhecimento e controlo dos factos com impacto no investimento feito pelo sócio que está em causa em si e por si, independentemente de quaisquer outras finalidades[180]. O mesmo vale na sociedade anónima, ainda que o direito conheça mais restrições.
- *Um critério funcional ou instrumental*: o sócio tem direito de aceder a toda a informação que seja necessária para exercer os seus direitos participativos e de controlo. Como já foi escrito, "a instrumentalidade funciona em duplo grau, visto que, para além de, mediatamente, potenciar a consecução do lucro, a informação tem por função imediata habilitar o sócio a exercer, esclarecida e convenientemente, outros direitos, designadamente o de voto e o de

---

[179] Cf. *v.g.* MARGARIDA COSTA ANDRADE, em *CSC em comentário*, vol. I, anot. ao artigo 21º, 360: "o direito à informação é um direito social autónomo, pois não pode dizer-se meramente instrumental ou acessório dos restantes direitos, nomeadamente do direito de voto. (...) É, por um lado, corolário do risco que se corre com a entrada na sociedade, (...) Por outro lado, está associado ao elemento do contrato de sociedade "atividade em comum".

[180] Como escreve DIOGO DRAGO, *O poder* cit., 362, estamos perante "um instrumento que não se encontra unicamente ao serviço de determinados poderes ou obrigações dos sócios (...)" nem é "subserviente ao cumprimento de certa ou determinada obrigação. Ele está ao serviço da participação social. É (....) uma garantia que pretende acima de tudo assegurar o envolvimento do sócio na sociedade, no projecto que esta representa e pretende levar a cabo". Como prossegue o Autor, p. 363: "a sua funcionalidade reserva-se na garantia de envolvimento na sociedade que ele presta ao sócio. (...) Funcionalidade mas com a participação social e então sim consequentemente para com as vicissitudes que ela está orientada para atender".

exercício de acção de responsabilidade contra os gestores da sociedade (...) A instrumentalidade do direito à informação tem uma matriz estritamente funcional, não podendo ser entendida como sinónimo de acessoriedade"[181].

3. O direito à informação nos grupos de sociedades

3.1. Aplicação do critério absoluto-funcional perante a "conexão do grupo": dos deveres de lealdade (boa fé) aos deveres de informação

Em coerência com os princípios invocados, o direito à informação no contexto dos grupos de sociedades apresenta naturais especificidades.

Como linha geral, podemos afirmar que, para ser capaz de cumprir materialmente as suas funções, este tem de acompanhar a unidade que o grupo representa, variando, porém, o seu alcance em função das modalidades e características do grupo concreto. Os critérios anteriormente expostos assim o ditam:

(i) Para controlar o seu investimento e conhecer a "sua" sociedade (critério absoluto) os factos a que o sócio carece de ter acesso forçosamente já não são só os factos internos da "sua" sociedade. Importam, também, as relações jurídicas e económicas com as demais sociedades do grupo; nos casos de mais intensa integração, o sócio da sociedade-mãe está mesmo, em termos materiais, perante a sociedade-filha em situação equiparável à dos seus sócios diretos, pelo que o âmbito do seu direito de informação será afinal equiparável ao destes.

(ii) O papel de vigilância do sócio deve acompanhar o âmbito do poder de direção e a sua deslocação da sociedade-filha para a sociedade-mãe (critério funcional ou instrumental).

Perante estes critérios, a ausência de regras gerais disciplinadoras do direito à informação (com exceção do muito limitado artigo 290º relativo à prestação de informações em assembleia geral) não significa, em todos os casos, a sua exclusão: a lei carece de ser interpretada, não sendo

---

[181] João Labareda, *Direito à informação* cit., 139.

viável, à luz do sistema, entender que os acionistas de uma sociedade em relação de grupo *nunca* terão a possibilidade de aceder a informação a não ser em assembleia geral se forem introduzidas matérias na ordem do dia que permitam colocar questões relacionadas com tais sociedades[182]. O alcance do direito à informação será certamente variável, aqui como em geral, e apenas poderá ser apurado perante a modalidade concreta de grupo e, mais que isso, perante as características de cada empresa plurissocietária especificamente considerada.

Certo é que a realização do direito à informação do sócio não se rege por critérios meramente formais, antes se impõe a sua concretização em termos materiais. Como vimos, além de servir o conhecimento geral do sócio da "sua" sociedade, cumpre um papel indelével no que toca a permitir a participação do sócio na sociedade e o controlo da administração, encontrando-se, nessa medida, ao serviço do próprio interesse social. Ora, a unidade económica reclama, em muitos casos, que o direito à informação dos sócios se amplie, acompanhando a *necessidade da informação*, variável em função das características de cada grupo, dando-se assim primazia à materialidade subjacente. Nessa medida, a expansão dos deveres de informação é, desde logo, exigência do princípio da boa fé, do qual é, de resto, ele próprio corolário: o dever de a sociedade e de os seus administradores informarem os sócios é, na verdade, manifestação primária dos deveres de lealdade daqueles sujeitos, sem prejuízo da autonomia que o dever de informar adquire.

O princípio da boa fé assume especial relevância nos grupos de sociedades em virtude das múltiplas lacunas legais, de que o regime do direito à informação é apenas uma manifestação. O facto de a lei deixar por tratar (a não ser em termos estritamente pontuais) o problema do acesso à informação dos sócios (e dos membros dos órgãos sociais) nos grupos, bem diferentemente de ser manifestação de uma específica intenção de manter o regime da sociedade isolada inalterado, é antes apenas mais uma expressão de uma genérica (e em parte inevitável) incompletude do sistema de grupos de sociedades. Não é este o lugar para sublinhar a multiplicidade das lacunas do regime, limitando-nos,

---

[182] Sublinhando que esse é o regime que resulta da lei, cf. SOFIA RIBEIRO BRANCO, *O direito* cit., 194.

aqui, a remeter para o que escrevemos noutro contexto[183]. Seguramente não pode é a falta de lei ser tida como concludente no sentido da irrelevância do grupo em sede do direito à informação. Por um lado, tal interpretação frustraria materialmente os valores subjacentes à consagração deste direito na parte geral do Código; por outro lado, em casos determinados, seria incoerente com o regime global das sociedades coligadas, em particular no que se refere às sociedades em relação de grupo por domínio total, conforme veremos.

Sem prejuízo do desenvolvimento que se impõe de seguida, o princípio da lealdade tem, aqui, uma dupla virtualidade:

(i) a de diretamente fundar deveres de informação, quando a tanto conduzir a necessidade de prevenir danos e de bem assim promover a realização do fim social;
(ii) a de servir de auxiliar na interpretação das regras legais, fazendo com que estas assegurem soluções efetivas e coerentes com o sistema, e não meramente formais e abstratas, sem aderência na realidade material concreta.

O princípio apresenta sempre, no direito dos grupos, uma capacidade construtiva material, realizando as exigências básicas do sistema e assegurando a ponderação dos respetivos valores na tarefa de restauração do equilíbrio perturbado pelo grupo de sociedades. Perante a incapacidade de o direito positivo lidar com o "conflito do grupo" nas suas múltiplas dimensões, cabe à lealdade estabelecer os parâmetros valorativos da respetiva gestão, servindo de eixo a um modelo regulatório canalizador de soluções sistematicamente coerentes e pragmaticamente eficientes. A lealdade permite, como noutro âmbito sustentámos[184], ultrapassar as lacunas da legislação societária – que não são, certamente, exclusivas do direito português – e garantir a adequação substancial da regulação à situação a regular, sem descurar a certeza e a segurança jurídicas, num equilíbrio que constitui, afinal, o principal desafio do direito dos grupos.

A lealdade é, pois, chamada a exercer, aqui como no direito das sociedades em geral, uma função técnico-construtiva, aliada a uma função de controlo e, sobretudo, a uma função heurística. Ela tem, na verdade,

---

[183] *Grupos* cit., *passim*.
[184] *Grupos* cit., *passim*.

a virtualidade de oferecer padrão de resposta para os problemas da empresa plurissocietária que apenas se encontram imperfeitamente solucionados no direito positivo. Ora, sendo decorrência da boa fé, a lealdade, enquanto critério flexível de resolução dos conflitos de interesses, encontra-se particularmente vocacionada para se adaptar à realidade económica, fornecendo modelos de regulação do "conflito do grupo", nas diversas dimensões que este assume.

Em nome dos valores acima indicados, mas também do próprio princípio da lealdade, na ausência de valores juridicamente tutelados em sentido diverso, a sociedade e os seus administradores têm o dever de prestar informação relativamente à *globalidade dos factos e situações com influência na esfera jurídica dos sócios – independentemente de se reportarem ou não à sociedade de que são sócios*. O princípio da lealdade confere, pois, um sentido material ao direito à informação dos sócios, contribuindo para delimitar o seu âmbito. Ou seja, a expansão do dever de informação acompanha, pois, a expansão dos próprios deveres de lealdade para a esfera do grupo: a "conexão do grupo" (*Konzernverbindung*) reclama a ampliação dos deveres de informação, pois precisamente denota que – mais do que as relações formais – interessam as relações materiais e o poder de influência *(Einflussmöglichkeit)*.

O grupo é, efetivamente, unidade: por esse motivo, sem prejuízo da verificação da real repercussão dos factos a que pretende aceder na esfera jurídica do sócio, resulta do princípio da lealdade uma diretriz fundamental na aferição da procedência da pretensão de acesso à informação: *releva o impacto material e não as fronteiras formais ditadas pela personalidade jurídica autónoma das sociedades*.

Por outras palavras, o princípio da lealdade, não sendo necessário para fundar o direito à informação do sócio – pois já vimos que este tem autonomia consagrada no próprio Código das Sociedades Comerciais –, não deixa de servir, não só como auxiliar, mas como critério decisivo quando se procura resolver dúvidas interpretativas relativas ao sentido e alcance desse direito, que será tão amplo quanto a realização do respetivo fim material reclama.

Na área da informação, o dever de lealdade demanda que a sociedade – através dos seus administradores – informe os sócios sobre todas as matérias que sejam suscetíveis de ter influência na sua esfera jurídica, salvo se outros valores e interesses – expressos nos fundamentos de recusa – determinarem a não prestação da informação. O princípio da boa fé, através da invocação do princípio da primazia da materialidade subjacente[185], impõe, pois, que seja o âmbito do poder de influência a ditar o âmbito do direito à informação. O dever de informar acompanha o horizonte do dever de lealdade: não obstante a sua autonomia, ele é, ainda e sempre, expressão do princípio da boa fé e da lealdade. Tal como a conexão do grupo justifica deveres de lealdade sempre que exista uma exposição aos riscos de influência (*keine Herrshung ohne Haftung*) – a confirmar em concreto –, o mesmo se passa no que respeita à informação. A informação relativa a sociedade diferente daquela a que pertence o sócio reclama-se quando exista a suscetibilidade de influência sobre a posição jurídica do sócio. O critério é material e não formal, o que representa exigência da unidade do grupo: apesar da manutenção formal das fronteiras das sociedades, o grupo é unidade. Tal repercute-se, nomeadamente, na matéria em análise.

A importância do princípio da boa fé e do apelo que deste resulta ao sistema jurídico como um todo torna-se especialmente relevante para resolver a incoerência das soluções aparentemente resultantes da lei. Basta ver que mesmo quem, entre nós, tem recusado o direito à informação dos sócios da sociedade-mãe sobre factos da sociedade-filha não deixa de apontar o desajustamento da solução sustentada: assim, por exemplo, João LABAREDA conclui a reflexão sobre o tema escrevendo que "(...) há, realmente, bons motivos para o reequacionamento global da temática do direito à informação, no quadro do fenómeno legalmente denominado de coligação de sociedades, tomando por referencial fundamental as relações de grupo e as relações de domínio. Não é, seguramente, tarefa fácil. Do que essencialmente se trata é de procurar encontrar uma solução que componha a conflitualidade que se desenvolve entre o interesse dos sócios no conhecimento de quanto, verdadeiramente, releva para a situação da sociedade a que pertencem – e é por isso determinante do valor da sua participação e condicionante do seu comportamento no seio da corporação – e o interesse na reserva ou na confidencialidade que, por regra, assiste à outra sociedade e aos seus

---

[185] Cf. MENEZES CORDEIRO, *Da boa fé no direito civil*, Coimbra, 1984.

sócios"[186]-[187]. Ora, a evolução posterior da dogmática dos grupos de sociedades, conjugada com a valorização do papel do sistema no processo interpretativo-aplicativo, por via do recurso ao princípio da boa fé, tem vindo precisamente a demonstrar as virtualidades do sistema vigente na reconstrução metodológica do direito à informação nos grupos.

Noutros ordenamentos jurídicos, onde o regime dos grupos de sociedades se encontra mais desenvolvido, como é o caso do germânico, a lei distingue – e bem – entre os casos de domínio total (correspondente à figura da *Eingliederung* – "integração") e as restantes coligações. Assim, em geral, o direito dos acionistas restringe-se, nos termos do § 131 (1), S.2, às relações jurídicas e de negócios entre as sociedades-mãe e filha, sem se estender a assuntos internos da filial. Diferentemente, nos termos do § 326 AktG, cuja epígrafe é "direito da empresa principal (*Hauptgesellschaft*) à informação", o acionista da empresa principal tem direito à informação sobre assuntos relativos à empresa integrada (*eingegliederten Gesellschaft*) com a mesma extensão que tem direito à informação relativamente a assuntos da empresa principal. Diz-se que a empresa integrada surge como uma espécie de "departamento operacional" da sociedade-mãe mas "juridicamente independente"[188]. Obrigada à prestação da informação é a empresa-mãe, através do seu órgão de administração, sendo que para satisfazer as pretensões de informação do sócio pode pedir apoio ao órgão de administração da sociedade integrada.

A ausência de regulação no direito português do específico problema da informação nas sociedades em relação de grupo por domínio total tem de ser compreendida no quadro de um regime que regula esta relação através de uma técnica remissiva (cf. artigo 491º) e sem preocupação de adaptação do regime às circunstâncias específicas desta coligação, diversamente do que sucede no ordenamento germânico onde a *Einglie-*

---

[186] João LABAREDA, *Direito à informação* cit., 150.

[187] O Autor vai mais longe e refere também a necessidade de adaptação das regras às situações de domínio. João LABAREDA, *Direito à informação* cit. 151. "mesmo neste sector [relativo às relações de domínio simples], sobra, pois, espaço para uma nova reflexão que reexamine a posição de uns sócios e de outros [da sociedade-mãe e da sociedade-filha] quanto à suscetibilidade de, ao menos em algumas situações, obterem informações relativas a factos que, no plano formal, respeitam a uma sociedade que se encontra em relação de domínio com a *sua*, e de cujo corpo associativo não fazem parte".

[188] HABERSACK, § 326 in EMMERICH/HABERSACK, *Aktien- und GmbH-Konzernrecht*, 8ª ed., 2016, Rn. 2-3.

derung conhece uma regulamentação própria. Além do mais, são múltiplas as lacunas, como dissemos, do nosso regime de grupos de sociedades, pelo que do silêncio da lei não pode retirar-se a desnecessidade de adaptação ao regime. Pelo contrário, seguramente há que resolver o problema por via da interpretação/integração (*rectius* interpretação complementadora) do regime legal. No no direito germânico, sublinha-se, aliás, que o § 326 é simplesmente a consequência das relações mais estreitas entre as sociedades, o que justifica que o acionista tenha direito a saber tanto sobre a sociedade integrada como sobre a sua própria sociedade[189]. São, pois, razões materiais – que não carecem de positivação expressa – que justificam o tratamento diferenciado.

3.2. O impacto do grupo na posição dos sócios das sociedades agrupadas: os perigos da influência sobre a sociedade-filha e o efeito "mediatizador" do grupo (*Mediatisierungseffekt*)

Traçado o quadro geral anterior, importa compreender o efeito concreto que a formação e operação do grupo têm no que respeita aos sócios das sociedades agrupadas. Há que lembrar que não é apenas a posição dos sócios da sociedade-filha que é atingida (pelo exercício do poder de direção, *de jure* ou *de facto*, da sociedade-mãe) mas também a dos sócios da sociedade-mãe. É inequívoco que a constituição de um grupo acarreta uma influência muito ampla nos diversos interesses envolvidos e justifica o surgimento de conflitos de interesses, com caráter estável e mesmo institucional. Tradicionalmente, as preocupações concentram-se, é certo, ao nível dos interesses situados num patamar inferior do grupo (sociedade-filha, seus sócios e credores). Todavia, é sabido que também do lado da sociedade que ocupa o lugar de cúpula do grupo há interesses envolvidos que carecem de tutela. Por este motivo, não pode desvalorizar-se a necessidade de proteção dos interesses que podem ser afetados pela presença do grupo mesmo quando localizados ao nível da sociedade-mãe. O direito à informação deve ser chamado a desempenhar um papel.

Neste panorama, a lei prevê um sistema de coligações societárias de fisionomia dupla, que funciona, em simultâneo, como "direito de orga-

---

[189] GRUNEWALD, § 326, em *Münchener Kommentar zum Aktiengesetz*, 4ª ed., 2015, Rn. 1-6.

nização" (*Organisationsrecht*) e como "direito de tutela" (*Schutzrecht*)[190]: neste último plano, as normas legais visam, primariamente, a proteção das sociedades dependentes, dos seus sócios e credores sociais face aos perigos que o domínio envolve no que respeita à formação da vontade social e à tendência para o interesse da dependente ser postergado a favor da prossecução de interesses que lhe são estranhos. Esta perspetiva do direito dos grupos *a partir de baixo* (*von unten*) não esgota, porém, todas as vertentes do sistema normativo: o mero "direito de tutela" ao nível da sociedade-filha dá origem a um "direito de tutela" situado também ao nível da sociedade-mãe e, além disso, a um "direito de organização", concebido *a partir de cima* (*von oben*), *i.e.*, a partir do exercício do poder de direção pela sociedade dominante.

A necessidade de informação dos sócios da sociedade-filha prende-se, sobretudo, com o imperativo de fiscalização da atividade do seu próprio órgão de administração – assegurando que este cumpre o seu papel de escrutínio da licitude das instruções recebidas da sociedade-mãe – e eventualmente com o exercício do voto em assembleia geral, quando esta sociedade seja chamada a deliberar sobre assuntos relacionados com o grupo. O critério do reconhecimento do direito à informação será sempre o mesmo: o sócio apenas terá acesso à informação necessária para exercer os seus direitos participativos e controlar o órgão de gestão. Em princípio, a informação respeitará estritamente às relações e negócios entre sociedade-mãe e sociedade-filha.

A existência do grupo provoca, por outro lado, diversas alterações nas relações internas e no equilíbrio de poderes na sociedade, com reflexo evidente na posição dos sócios da sociedade-mãe. Assim, em especial, para além dos efeitos patrimoniais, a prossecução da atividade económica através de outra sociedade tem um duplo efeito do ponto de vista dos direitos participativos dos sócios: por um lado, um efeito de *mediatização da influência* (*Mediatisierungseffekt*), na medida em que decisões que seriam tomadas ao nível da sociedade-mãe passam para a sociedade-filha, associado, por outro lado, a uma *mediatização do conhecimento* dos factos internos das sociedades (que não pode significar redução do direito de informação, tendo em conta as razões quer absolutas quer

---

[190] KARSTEN SCHMIDT, *Gesellschaftsrecht*, 4ª ed., Köln, Berlin, Bonn, München, 2002, 491 ss.

funcionais apontadas). Na verdade, em vez de ser diretamente prosseguida, a atividade passa a ser desenvolvida através de outra entidade juridicamente autónoma e à qual os sócios da sociedade-mãe não têm acesso direto.

O impacto do grupo ao nível da sociedade-mãe e dos seus sócios é reconhecido pela própria lei. Estamos a pensar no domínio total, a única modalidade juridicamente considerada como relação de grupo (para além dos inexistentes contratos de subordinação e de grupo paritário). Lembre-se, na verdade, que o regime do artigo 489º prevê uma tutela essencialmente preventiva no caso de domínio total superveniente, que visa, sobretudo, evitar que a sociedade entre no grupo sem vontade ou mesmo contra a vontade dos sócios, por mera decisão da administração. O objetivo é alcançado pela exigência de deliberação social da sociedade totalmente dominante em caso de assunção do domínio total sobre outra. Para além de assim se tutelar a sociedade em si mesma (ainda que imperfeitamente), garante-se o direito de os sócios intervirem numa decisão que é capaz de condicionar a respetiva situação na sociedade[191]. Sem prejuízo das vantagens que pode ter, a relação comporta igualmente razoáveis riscos, *maxime* os sobejamente conhecidos riscos de responsabilidade, para além do referido efeito de mediatização da influência. É certo que o sistema do artigo 489º está impregnado de contradições[192] – principalmente em virtude de prever a deliberação, sem efeitos retroativos, num momento em que os efeitos da constituição do

---

[191] Aparentemente resulta da lei que, logo que a participação totalitária é constituída, passa a haver relação de grupo por domínio total. A deliberação, legalmente prevista, de não continuar a relação não produz efeitos retroativos. O mais que poderia acontecer é essa relação ser destruída com eficácia para o futuro. Isso significa que há determinados efeitos inerentes à relação de grupo que nunca seria possível desfazer: nomeadamente a assunção da responsabilidade pelas dívidas da sociedade totalmente dominada (a qual, nos termos do artigo 501º abrange todo o passivo desta sociedade). Na verdade, o artigo 489º expressamente determina, no nº 3, que "(...) enquanto não for tomada alguma deliberação, a sociedade dependente considera-se em relação de grupo com a sociedade dominante e não se dissolve, ainda que tenha apenas um sócio". A ser assim teremos de concluir que o artigo 489º prevê a necessidade de deliberação da sociedade totalmente dominante para a proteger e aos seus sócios; porém, a deliberação é remetida para um momento em que já não seria capaz de realizar os seus fins. Sendo evidente a contradição interna do artigo 489º impõe deliberação prévia, *ex bona fide*.

[192] Cf. ANA PERESTRELO DE OLIVEIRA, *Manual de grupos* cit., 88 ss.

grupo já se produziram –,[193]-[194], mas pelo menos demonstra que o próprio legislador não foi alheio à necessidade de tutela dos sócios da sociedade de topo.

Ora, o direito à informação tem seguramente de manter o seu papel, em toda a extensão, junto do sócio da sociedade de topo, considerando o impacto substancial decisivo que nela – e, por conseguinte, nos seus sócios – tem a atividade da sociedade-filha. A existência do ente interposto não pode conduzir à restrição da tutela dos sócios, especialmente quando estamos em face do principal meio de controlo da atividade social pelo sócio.

Um dos aspetos em que a mediatização da influência se expressa é precisamente no acesso à informação: a existência de uma sociedade "intermédia", em cujo capital os sócios da sociedade-mãe não estão presentes, acarreta o risco de os mesmos serem arredados não só do processo decisório mas também do conhecimento dos assuntos, que formalmente respeitam à sociedade situada num patamar inferior da hierarquia do grupo, mas que materialmente produzem impactos na sua esfera jurídicaem termos equiparáveis aos assuntos da sua própria sociedade.

Os sócios da sociedade-mãe são, afinal, no seu conjunto, proprietários da sociedade-filha (o que é especialmente visível em caso de domínio total), ainda que por via dessa primeira sociedade. Não é possível, pois, haver uma limitação do acesso à informação em virtude da deslocação para a sociedade-filha e os seus administradores dos poderes de gestão.

---

[193] Razão pela qual temos propugnado a exigência de deliberação *prévia* da assembleia geral, em coerência com o entendimento geral que defendemos do sistema português de grupos de sociedades e do lugar que nele desempenha o princípio da boa fé. Este determina, em geral, a submissão da decisão de integração no grupo de sociedades a deliberação dos sócios. A fundamentação completa desta exigência foi por nós desenvolvida em *Grupos* cit., 406 ss.

[194] Esta matéria, no ordenamento alemão, ganhou especial visibilidade após o célebre caso *Holzmüller* [BGH 25-fev.-1982, BGHZ 83 (1982), 122] que firmou a existência de um conjunto de competências não escritas da assembleia geral, fundadas no princípio da boa fé, que impõe a intervenção dos sócios nas deliberações que apresentem um impacto significativo estrutural na posição destes. Segundo o BGH, nas decisões que "intervêm tão profundamente nos interesses dos acionistas, a administração não podia razoavelmente supor que poderia tomar as decisões em causa sob responsabilidade própria".

A exigência de intervenção no processo constitutivo não é suficiente e menos ainda quando tenha lugar *ex post*. O "direito dos grupos" constitui precisamente um instrumento tendente à tutela dos interesses atingidos pela constituição e presença do grupo. Surgindo uma sociedade dependente como meio para a prossecução de uma atividade conjunta pelos sócios mais relevante se torna compreender que esta não serve para reduzir as garantias de acesso à informação dos sócios da sociedade--mãe.

Em suma, não pode o grupo provocar uma diminuição das garantias do sócio, sendo certo que o direito à informação representa, em rigor, a *ultima ratio* de tutela, tendo um significado material e não meramente formal.

Voltando ao ponto-chave já repetidamente sublinhado: na avaliação do alcance e extensão do direito de os sócios da sociedade-mãe solicitarem e obterem informações dos administradores da respetiva sociedade relativamente a assuntos internos das outras sociedades integrantes do grupo, há que partir da ponderação da finalidade das normas do Código das Sociedades Comerciais sobre o direito à informação, conjugada com a análise da realidade própria dos grupos societários. Uma vez que este direito visa, designadamente, para além do exercício do voto, permitir o controlo ou fiscalização da atuação dos administradores, naturalmente que a deslocação do poder de gestão nos grupos determina que o direito à informação acompanhe este movimento, contrabalançando o referido "efeito de mediatização". No contexto do grupo, a atividade dos administradores da sociedade-mãe repercute-se, como vimos, num plano pluridimensional, estendendo-se, nomeadamente, às sociedades subordinadas. Os administradores estão vinculados, perante a sociedade-mãe, à direção do grupo. Por isso, o direito de controlo dos sócios estende-se também a essa atividade de direção, sendo o poder de controlo tão amplo quanto a extensão dos poderes de gestão do grupo o determine.

Por isso temos salientado[195], quando se trata de interpretar o artigo 290º, que o *minimum* informativo estabelecido por lei (relativo às *relações* entre sociedades) nem sempre é suficiente para permitir cumprir semelhante função de controlo, antes se impondo, em certos casos, o seu alargamento, de forma a abranger não só as *relações* com as socieda-

---

[195] Cf. Ana Perestrelo de Oliveira, *Manual de grupos* cit., 200 ss.

des coligadas, mas também elementos relativos a *assuntos internos* destas na estrita medida em que tal seja necessário para controlar a "direção do grupo"[196].

3.3. A necessidade de caracterização casuística da coligação societária

Enquanto na relação de grupo por domínio total veremos que o direito à informação dos sócios é equiparável ao direito à informação destes sobre a sua própria sociedade, estendendo-se a factos internos das filiais em virtude da diluição da autonomia societária, perante uma comum coligação societária, afirmar que a generalidade dos assuntos das filiais fica abrangida pelo dever de informação dos administradores certamente não consideraria devidamente todos os interesses subjacentes e ignoraria que ao interesse dos sócios da sociedade-mãe na obtenção das informações se contrapõe o interesse na confidencialidade que assiste à outra sociedade e aos respetivos sócios[197].

O alcance do direito de informação dos sócios na generalidade das coligações societárias, em especial nas relações de mero domínio (incluindo quando se origine um grupo de facto), depende da aplicação dos critérios atrás definidos: como vimos, por um lado, o direito deve ser concedido sempre que seja necessário para o exercício dos direitos participativos (*maxime*, do voto em deliberações sociais) e de controlo da administração; por outro lado, releva o simples facto de a informação ser essencial para o sócio conhecer o seu investimento independentemente de uma finalidade específica.

Uma resposta uniforme para os diversos grupos não é possível. Como já noutro contexto[198] tivemos oportunidade de sublinhar, a resolução do problema do acesso à informação nos grupos exige que se atenda às diferenças estruturais dos grupos de sociedades, partindo da referida premissa segundo a qual o direito à informação dos sócios e o correlativo dever de informar dos administradores existem na exata medida em

---

[196] Como nota MARIA AUGUSTA FRANÇA, *A estrutura* cit., 123, a direção do grupo é indiscutivelmente um "assunto social", suscetível de ser objeto de pedido de informações ao órgão de administração, sendo que, para os acionistas poderem formular um juízo quanto à direção do grupo, necessitam de informações sobre as outras sociedades abrangidas por ela.
[197] Cf., sobre tais interesses, JOÃO LABAREDA, *Direito à informação* cit., 150.
[198] ANA PERESTRELO DE OLIVEIRA, *Manual de grupos* cit., 200 ss.

que os elementos que constituem o seu objeto sejam necessários para o exercício dos direitos dos sócios, *maxime* para a fiscalização da atividade de gestão do grupo.

Tal depende, designadamente, do papel do órgão de administração da sociedade-mãe no quadro do grupo societário, ampliando-se a intensidade da informação requerida na medida em que a relevância desse papel aumente, o que permite afirmar que a força do direito à informação do sócio e do dever de informar do administrador se medem pelo grau de integração[199].

Num grupo descentralizado, em que os administradores da sociedade-mãe se limitam a fixar a política empresarial ou as diretrizes que as sociedades subordinadas ou totalmente dominadas devem seguir, o sócio apenas tem direito a conhecer os elementos que são necessários àquela fixação, assumindo o dever de informação dos administradores, em conformidade, um conteúdo mínimo.

Diferente é a situação nos grupos altamente centralizados, em que o direito à informação dos sócios abrange, em termos tendenciais, todos os assuntos relativos às filiais, pois o administrador da sociedade-mãe não se comporta em relação a estas de modo essencialmente diverso daquele como se comporta face à própria sociedade[200].

---

[199] Como nota JUNGKURTH, *Konzernleitung bei der GmbH. Die Pflichten des Geschäftsführers*, Berlin, 2000, 82.

[200] O mesmo critério funcional aplica-se no que respeita ao direito à informação dos sócios da sociedade subordinada e, por consequência, ao dever de informar dos seus administradores. Surgem, aí, compreensíveis dúvidas quanto ao acesso a factos da sociedade-mãe ou de outras sociedades do grupo. Os sócios da sociedade subordinada não têm um direito geral ao conhecimento de tais factos. Todavia, considerando que o direito à informação exerce uma função instrumental face ao direito-dever dos sócios de controlar a atividade do órgão de administração, assiste-lhes o direito de exigir deste as informações e os esclarecimentos essenciais para aferir o bom cumprimento das instruções emitidas e o respeito pelo dever de não execução de instruções ilícitas, o que implica aceder a todos os dados necessários para averiguar essa (i)licitude (pense-se, *v.g.*, na pretensão do sócio de acesso a informação fundamental para apurar se uma instrução desvantajosa cumprida pela sociedade-filha tem contrapartida numa vantagem para outra sociedade do grupo). Estas situações-tipo são suscetíveis de levar à divulgação, pelos administradores da sociedade-filha, de factos respeitantes ao grupo (*rectius*, à sociedade diretora ou a outras sociedades subordinadas que o integram), o que pressupõe que aqueles administradores estejam na posse dos referidos elementos: tendo em atenção que se trata de informação essencial para o cumprimento dos seus deveres legais principais, ou os administradores são já portadores da mesma, ou têm o direito (e o dever) de a obter.

Entre um caso e outro, encontramos uma escala integrativa, que o direito à informação acompanha, em função da relevância objetiva da informação para o sócio. O primeiro passo na análise do âmbito do direito à informação do sócio (sem prejuízo do caso particular dos grupos constituídos por domínio total) é, pois, a indagação *ad hoc* sobre o grau de centralização das funções de administração na cúpula do grupo.

Significa isto que, perante uma relação de domínio simples, em que não é instaurada uma direção económica unitária das diversas sociedades e em que não existe, portanto, um grupo, a informação necessária é limitada, quer para os sócios da sociedade-mãe quer para os sócios da sociedade-filha, e certamente não abrangerá factos internos de uma sociedade diferente daquela a que o sócio pertence. Se a autonomia jurídica mantém correspondência na autonomia económica nenhuma razão existe para o alargamento dos deveres de informação para além do que respeita às *relações* entre sociedades coligadas, pois só essas relações terão relevância objetiva para os sócios e não factos relativos às restantes sociedades.

No caso dos grupos de facto, apesar da unidade económica instituída, não existe um regime jurídico equiparável ao vigente nas relações de grupo, nomeadamente a sociedade-mãe não é responsável pelo passivo e pelas perdas nos mesmos termos em que o é a sociedade totalmente dominante, pelo que, do ponto de vista do controlo do investimento, a necessidade de aceder à informação é bem diversa da dos grupos de direito. Ainda assim, nos casos de máxima centralização, que normalmente corresponderão a grupos de facto qualificados, a instituição de uma direção económica unitária é suscetível de determinar um mais amplo acesso à informação: desde que esta esteja na disponibilidade da sociedade-mãe e não se verifiquem os fundamentos de recusa e, portanto, a sua divulgação não prejudique nem a sociedade-mãe nem a sociedade-filha, esta pode ser obrigatória se concretamente se revelar imprescindível para os sócios monitorizarem a atuação da sociedade-mãe, que implementou uma direção económica unitária[201]. A diretriz é, porém, de extrema restritividade, no sentido do reconhecimento do direito de informação apenas nos casos em que seja absolutamente indispensável ao exercício

---

[201] Já atrás dissemos que não está vedada a possibilidade de serem emitidas instruções inclusive desvantajosas, exigindo-se, porém, a sua compensação nos termos apontados.

dos direitos participativos e poderes-deveres de controlo dos sócios: só nesse contexto poderemos afirmar que o princípio da primazia da materialidade subjacente (boa fé) reclama dos administradores a divulgação da informação e sempre com a ressalva de não existirem interesses contrapostos dignos de tutela legal. Como regra, o direito dos acionistas restringe-se às relações jurídicas e de negócios entre a sociedade-mãe e a sociedade-filha, sem se estender a assuntos internos das demais, na linha do artigo 290º[202]. Além disso, se a sociedade-mãe não estiver na posse das informações necessárias, a possibilidade de acesso à informação pelos seus sócios depende, adicionalmente, do preenchimento dos critérios que permitem à administração da sociedade-mãe aceder aos factos em causa junto da sociedade considerada, nos termos apurados no capítulo anterior.

No caso dos sócios da sociedade-filha, dificilmente o seu direito à informação se poderá alargar para além do âmbito restrito respeitante às próprias relações e negócios com a sociedade-mãe, visto que tal será suficiente para o cumprimento das funções correspondentes. O acesso a factos internos de outras sociedades do grupo estará, por princípio, excluído por falhar o próprio critério absoluto-funcional já apontado.

4. O caso especial do direito à informação nos *grupos constituídos por domínio total*

4.1. Aplicação do duplo critério absoluto-funcional: aspetos gerais

No domínio total, as características das relações levam inevitavelmente mais longe o âmbito do direito de informação dos sócios, considerando que, mais do que o controlo sobre o exercício do poder de direção, a falta de separação material entre as duas sociedades faz com que se imponha um controlo sobre a administração da filial em termos idênticos ao controlo sobre a sociedade diretamente participada: mais uma vez, o direito à informação acompanha materialmente a necessidade de controlo (critério funcional) e de conhecimento (critério absoluto). A falta de base legal – que difere de ordenamentos como o alemão – nada muda.

---

[202] Não é, porém, apenas no contexto da assembleia geral que a informação pode ser solicitada, como resulta da argumentação expendida ao longo do texto.

Temos vindo, repetidamente, a assinalar as funções desempenhadas e as características centrais assumidas pelo direito à informação dos sócios. No contexto do grupo, a amplitude do acesso à informação, como também resulta do que se escreveu, é ditada pela necessidade de assegurar quer o conhecimento (em si e por si) dos assuntos que direta ou indiretamente respeitam ao sócio (critério absoluto), quer a *realização material das funções visadas pelo direito* (critério funcional). Perante os interesses contrários potencialmente presentes, não é aceitável uma expansão irrestrita do direito à informação no grupo; porém, não pode este direito deixar de acompanhar a deslocação do poder de direção no grupo e a transferência de competências decisórias da sociedade-filha para a sociedade-mãe, na medida dessa deslocação.

No âmbito de uma relação de grupo por domínio total essa deslocação opera *in totum*, deixando de haver uma separação material entre sociedades, o que determina, por definição, que o acesso à informação relativa à subsidiária possa ser levado a cabo em paridade com o acesso à informação relativa à própria sociedade-filha, sem necessidade, naturalmente, de uma indagação *ad hoc* sobre o grau de centralização da funções de administração na cúpula do grupo como em geral se reclama. Assim, no âmbito das relações agora em estudo, podemos afirmar que o problema está significativamente simplificado pela própria natureza – material e jurídica – do relacionamento entre as sociedades envolvidas. Por isso escreveu Rui Cardona Ferreira, com razão, que a solução de vedar a informação aos sócios da sociedade totalmente dominante seria desajustada "tendo em conta a *porosidade* de que se reveste aí o véu da personalidade jurídica" e a "*diluição* da autonomia do interesse social da sociedade subordinada", sublinhando ainda que negar aos sócios a informação "equivaleria à criação de uma verdadeira *isenção de fiscalização*, por parte dos sócios, da condução pela Administração de parte potencialmente relevante – ou mesmo nuclear – da atividade social, elevando a dissociação entre titularidade do capital social e a gestão dos negócios sociais a um patamar injustificado e indesejável"[203].

---

[203] Rui Cardona Ferreira, *Acesso à informação nas sociedades anónimas (abertas e fechadas) e responsabilidade civil*, separata da ROA ano 76 I/II/III(IV, Jan./Dez. 2016. Cf. também, *v.g.*, Pedro Barrambana Santos, *O direito do accionista à informação nas sociedades em relação de domínio total*, RDS VI (2014), 1, 151-212, sublinhando o direito à informação dos sócios da sociedade-mãe sobre assuntos da sociedade-filha totalmente dominada.

De resto, se não fosse permitido ao sócio da sociedade totalmente dominante requerer informações relativas a assuntos das filiais na mesma medida em que pode pedir a prestação de informações respeitantes a factos da sociedade a que pertence, a sociedade-mãe – que controla *in totum* a sociedade-filha – poderia facilmente furtar-se à prestação de informações aos respetivos sócios cometendo o desenvolvimento de determinadas atividades empresariais às sociedades-filhas. Se em princípio se pode afirmar que o direito à informação dos sócios apenas engloba os assuntos da sociedade subordinada que tenham importância objetiva para a sociedade dominante, no caso do domínio total, pelas razões que melhor veremos, a globalidade da atividade da sociedade-filha releva para a sociedade-mãe e os seus sócios, sendo desnecessário o apelo à relevância objetiva da informação.

4.2. A especial posição do sócio da sociedade totalmente dominante em face da sociedade dominada

Bem se vê, pois, que o tema que nos ocupa, no contexto das relações de grupo por domínio total, apresenta naturais especificidades, decorrentes da repercussão, em toda a sua extensão, da atividade da sociedade totalmente dominada na esfera da sociedade totalmente dominante e, por essa via, dos sócios desta. Não há, na verdade, materialmente, uma separação entre a sociedade totalmente dominante e a sua dominada:

- Os resultados económicos da sociedade-filha refletem-se diretamente na esfera da sociedade-mãe, beneficiária exclusiva dos lucros daquela, determinando que, do ponto de vista dos sócios desta última sociedade, tão relevante é o sucesso da atividade desenvolvida pela sociedade a que pertencem como pela sociedade que esta detém a 100%.
- Mais ainda assim é nos casos frequentes em que a sociedade-mãe constitui um veículo tendente, em exclusivo, à organização da atividade económica desenvolvida através de outra sociedade.
- As oscilações de valor da sociedade-filha repercutem-se, pois, no valor da sociedade-mãe e, portanto, no valor da participação detida pelos sócios desta última.
- As dívidas contraídas pela sociedade-filha são, em toda a sua extensão, responsabilidade da sociedade-mãe, em virtude do regime fortemente protetor dos credores do artigo 501º (*ex vi* do artigo 491º).

- A sociedade-mãe responde ainda, perante a sociedade-filha, pelas perdas que esta sofra, independentemente até de resultarem do exercício do poder de direção, nos termos do artigo 502º (*ex vi* do artigo 491º).
- A responsabilidade dos administradores estende-se ao plano do grupo como um todo: pela direção unitária do grupo respondem designadamente, perante a sua sociedade e os próprios sócios. Existe um poder/dever de direção global do grupo e um dever de controlo global do grupo.
- A sociedade totalmente dominante controla, em toda a sua extensão, os órgãos da sociedade totalmente dominada (assembleia geral e órgão de administração), e não existem outros acionistas a contrabalançar o seu poder de influência: há uma deslocação total do poder de direção da sociedade-filha para a sociedade-mãe[204].
- Em virtude da detenção totalitária do capital, ao nível da sociedade-filha não existe qualquer outro mecanismo de controlo a não ser o controlo indireto que pode/deve ser levado a cabo pelos sócios da sociedade totalmente dominante: não há outros sócios e a administração é designada pelo sócio único tal como os próprios membros do órgão de fiscalização, quando seja o caso.

Compreende-se, por isso, que o efeito económico da detenção de uma participação totalitária não anda longe da fusão. Podemos falar, aliás, de uma "relação similar à fusão" (*fusionsänlichen Verbindung*). ENGRÁCIA ANTUNES[205] coloca de forma particularmente expressiva o fenómeno: "de um ponto de vista *económico*, esta modalidade grupal situa-se a meio caminho entre o grupo constituído por contrato de subordinação

---

[204] Como escreve ENGRÁCIA ANTUNES, *Os grupos de sociedades. Estrutura e organização jurídica da empresa plurissocietária*, 2ª ed., Coimbra, 2012, 84, nota 1662, "note-se que – ao contrário dos grupos constituídos através de contrato de subordinação, nos quais a sociedade-mãe (directora) goza de um *poder de direcção* sobre o órgão de administração da sociedade-filha (subordinada), deixando assim intocadas as competências legais próprias dos restantes órgãos sociais desta, *maxime* da assembleia geral e do órgão de fiscalização (...) –, nos grupos formados por domínio total a sociedade-mãe (totalmente dominante) aparece investida num verdadeiro *poder absoluto* no seio da organização corporativa da sociedade-filha (totalmente dominada), protagonizando o controlo directo ou indirecto das atribuições legais de todos os órgãos sociais desta última, quer executivos, quer deliberativos, quer fiscalizadores".
[205] *Os grupos* cit., 843.

e a fusão societária. Duma banda, diferentemente do primeiro, ele permite às sociedades agrupadas realizar uma integração económico-empresarial particularmente intensa: de facto, a sociedade totalmente dominada está agora totalmente à disposição da sociedade totalmente dominante, simultaneamente sua sócia única e sua sociedade-mãe, podendo desempenhar por isso uma função em quase tudo idêntica à de uma mera sucursal ou divisão sem personalidade jurídica desta última".

Estes diversos aspetos, que de imediato melhor analisamos, permitem entender que os sócios da sociedade totalmente dominante têm forçosamente de ter acesso à informação da sociedade totalmente dominada nas mesmas condições em que teriam caso a atividade fosse desenvolvida diretamente pela sua sociedade. Assim, para além da importância da informação enquanto instrumento *a se*, o critério funcional que deve servir de base à delimitação do âmbito do direito à informação nos grupos de sociedades (e em geral) reclama que se trate o pedido de informação do sócio da sociedade que detém 100% do capital social de outra em termos equivalentes àqueles que regem o pedido direto de informação relativo à sua própria sociedade.

4.3. Concretização: o grupo constituído por domínio total como "comunidade de proveitos e riscos"; o impacto da redistribuição dos riscos da exploração empresarial no direito à informação do sócio

Já ficou clara a não-separação material e a repercussão económica da atividade da sociedade-filha sobre a sociedade-mãe e os seus sócios, que determina que esta condicione drasticamente os lucros por eles recebidos, bem como o valor das suas participações sociais. Mas não é apenas ao nível das variações patrimoniais reflexas da atividade da sociedade-filha que se identifica a relevância e consequências da mesma na posição da sociedade-mãe e dos seus sócios. É também, como dissemos, no plano da responsabilidade que a sociedade totalmente dominante, *ex vi* do artigo 491º, conjugado com os artigos 501º e 502º, passa a assumir perante a sociedade-filha e os seus credores. Se a sociedade a que o sócio pertence responde, em bloco, por todo o passivo da sociedade, inclusive sem que releve sequer a causa da obrigação ou o facto de esta resultar do exercício do poder de direção, é evidente que o sócio da sociedade responsável tem de ter acesso a toda a informação relativa a aspetos com potencial impacto na responsabilidade da mesma, o que envolve, necessariamente, uma máxima extensão do direito à informação.

Resulta, na verdade, do artigo 501º, que se uma sociedade detiver 100% do capital social de outra responde por todo o passivo da sociedade totalmente dominada[206], sendo a responsabilidade exigível decorridos 30 dias sobre a constituição em mora desta última sociedade. Está em causa a proteção dos credores desta sociedade, que passa a ser gerida em função dos interesses da sociedade-mãe: o poder de direção, concretizado no direito de dar instruções – inclusive desvantajosas – à administração da sociedade subordinada (cf. artigo 503º) é suscetível de agravar a posição dos credores, reclamando uma redistribuição do risco da exploração empresarial[207].

A lei reconhece, em bom rigor, que, sendo uma sociedade integralmente controlada por outra, desaparecem os valores que determinam a total separação de patrimónios. O artigo 501º é, afinal, expressão de uma "unidade de responsabilidade" cuja amplitude é evidente. Por força da mera existência da relação de grupo, a sociedade-mãe é automaticamente responsável pela totalidade das dívidas das filiais, constituídas antes ou depois da celebração do contrato de subordinação[208] ou da aquisição do domínio total[209], até à cessação da relação de grupo, *rectius* até a inscrição do seu termo no registo seguida da respetiva publicação. A responsabilidade ocorre independentemente de as dívidas terem resultado do concreto exercício do poder de direção sobre a sociedade-filha (artigos 493º e 503º) e, portanto, independentemente também de qualquer ilicitude ou culpa[210], sendo igualmente indiferente o conteúdo e fonte das obrigações em apreço. Ou seja, a sociedade-mãe passa a responder pelas

---

[206] Para mais desenvolvimentos, cf. ANA PERESTRELO DE OLIVEIRA, em *Código das Sociedades Comerciais anotado* cit., anot. ao art. 501º; *Grupos* cit., 597 ss. e *Questões avulsas em torno dos artigos 501º e 502º do Código das Sociedades Comerciais*, RDS IV (2012), 4, 871-898.

[207] STJ 31-Mai.-2005 (Fernandes Magalhães), www.dgsi.pt.

[208] Cf. RLx. 4-Abr.-1995 (Rodrigues Condeço), www.dgsi.pt.

[209] "Pretendendo uma sociedade estabelecer uma relação total de domínio sobre outra, passa a dominante a controlar a vida da dominada e assume a responsabilidade derivada dos negócios efectuados por esta no passado e ainda não cumpridos": STJ 23-Jan.-1996 (Lopes Pinto), www.dgsi.pt.

[210] Verifica-se, pois, um "sistema de imputação automática do risco de exploração empresarial no âmbito dos grupos societários": cf. STJ 31-Mai.-2005 (Fernandes Magalhães), www.dgsi.pt. A simples integração no grupo e, portanto, o mero "poder de influência", indepen-

dívidas da sociedade-filha de forma praticamente equivalente à responsabilidade que sobre ela recai perante os próprios credores.

Num tal contexto, os sócios da sociedade-mãe – que veem o património da sua sociedade atingido de forma potencialmente muito agressiva – não podem ficar desprovidos do acesso a toda a informação relativa à sociedade-filha, de maneira similar ao direito ao conhecimento dos factos respeitantes à sua própria sociedade.

A reforçar esta necessidade – funcional – de acesso à informação está ainda o regime do artigo 502º, que prevê uma obrigação, a cargo da sociedade-mãe, de compensação das perdas anuais sofridas pela sociedade dominada enquanto vigorar o domínio total, sempre que estas não possam ser compensadas pelas reservas constituídas no mesmo período. Está em causa, mais uma vez, a compensação devida pelo "realinhamento de interesses" típico da relação de grupo, com vista a proteger a sociedade-filha.

A amplitude da obrigação é, também ela, manifesta: trata-se de uma responsabilidade de tipo objetivo, que existe seja qual for a causa das perdas e independentemente de estas resultarem de instrução lícita ou ilícita da sociedade-mãe, de iniciativa própria da filial ou mesmo de caso fortuito. A responsabilidade é, pois, produto do mero poder de direção da sociedade-mãe sobre a sociedade-filha e não de concretas intervenções da primeira. A sociedade-mãe assume totalmente o risco empresarial da sociedade-filha pelo simples facto de haver domínio total, ficando obrigada a compensar as próprias perdas que continuariam a verificar-se mesmo na ausência de relação de grupo.

Esta ampla responsabilização, quer perante a sociedade-filha quer perante os credores desta, tem um reflexo evidente na posição dos sócios da sociedade-mãe, na medida em que se verifica uma exceção ao importante princípio da limitação da responsabilidade.

A relevância deste aspeto merece ser sublinhada: sem prejuízo da sua própria limitação da responsabilidade, uma vez que a sociedade em que participa fica responsável pelas dívidas e perdas da sociedade-filha, tem de ter o acesso à informação correspondente, que permita controlar o investimento feito. Tal separa radicalmente as sociedades em relação de domínio total das demais.

dentemente do seu exercício concreto, é relevante no sistema do CSC e constitui fundamento suficiente da tutela dos credores.

Como é sabido, a sociedade funciona, essencialmente, como forma de captação de recursos (em especial, sociedade de capitais) e como forma de limitação do risco da atividade empresarial. Embora a limitação da responsabilidade não seja decorrência necessária da personificação da sociedade[211], são múltiplas as vantagens que lhe estão associadas, entre as quais, como é sabido, a promoção da atividade económica, reduzindo os riscos nela envolvidos, a promoção do investimento passivo (i.e., aquele em que o investidor não participa na atividade da sociedade), a redução dos custos dos acionistas individuais e dos credores com a monitorização da situação patrimonial dos outros acionistas e da atividade da administração e a redução dos custos do investimento e consequente diversificação: permite-se uma carteira de investimento diversificada e assim também a redução do risco. Respondendo a sociedade pelas dívidas de outra, um dos efeitos essenciais da aplicação do regime da responsabilidade por dívidas é precisamente um correlativo acréscimo da responsabilidade dos sócios na monitorização da sociedade em causa e da sua administração. O poder de controlo – e os instrumentos para tanto existentes – têm necessariamente de acompanhar a responsabilidade assumida pela sociedade, estando essa vigilância ao serviço dos sócios mas ainda (como de início apontámos) do interesse social. O facto de ser uma responsabilidade indiretamente assumida nada muda.

Também do ponto de vista da expansão do âmbito dos poderes da administração se reclama o alargamento do acesso à informação: havendo uma expansão das responsabilidades do órgão de administração da sociedade-mãe – de forma tal que este exerce igualmente o poder de direção sobre a subsidiária, abrangendo a globalidade da sua atividade – naturalmente que o poder de controlo se alarga também para o plano da sociedade totalmente dominada. Com esta ampliação do poder de controlo tem necessariamente de se ampliar de igual modo o objeto do direito à informação, que só assim pode cumprir materialmente as suas funções.

Aliás, nos termos do artigo 504.º, os deveres do administrador da sociedade diretora reportam-se ao grupo como um todo, devendo adotar,

---

[211] Sendo certo, por outro lado, que pode haver limitação da responsabilidade sem personificação.

relativamente a este, a diligência exigida por lei quanto à administração da sua própria sociedade. Existe, pois, uma deslocação do poder de direção dos órgãos da sociedade dependente para os órgãos da sociedade que exerce o domínio total.

No caso do domínio total, a atividade de direção dos administradores da sociedade-mãe atinge a sua máxima amplitude e com ela o direito à informação. Mas, mais que isso, recuperando o ponto central, a separação jurídica de entidades não tem correspondência material. Assim sendo, o acesso aos factos relativos ao grupo não pode manter-se formalmente circunscrito à esfera da sociedade-mãe quando esta e a filial formam uma unidade material, com o impacto que já vimos e que transforma o grupo numa comunidade de proveitos e riscos.

Se necessário fosse, neste tipo de casos, seria ainda invocável a insuscetibilidade de o novo ente personalizado ser utilizado (objetiva ou subjetivamente) para atentar contra direitos dos sócios. A lógica é simples: se está em causa informação a que o sócio tinha direito na ausência de relação de grupo, i.e., caso a atividade fosse diretamente prosseguida pela "sua" sociedade, não pode o facto de essa atividade ser prosseguida com a interposição de novo ente societário especificamente criado para o efeito – ainda que legitimamente – servir para reduzir os direitos e garantias de que dispõe. Está em causa, pois, o apelo para o instituto do abuso de direito, que aqui se traduz numa forma de levantamento da personalidade jurídica, na medida em que reclama que se atenda à materialidade económica mais do que à forma jurídica. Fala-se a este respeito, na doutrina germânica, em "*Informationsdurchgriff*"[212] (à letra "penetração da informação"), que se estende até às próprias sociedades-netas[213], numa adaptação da *Haftungdurchgriff*, correspondente ao levantamento da personalidade para efeitos de responsabilização: aqui estará em causa um "levantamento para efeitos de informação".

É hoje assente que o abuso de direito é um instituto objetivo: não tem como requisito a culpa, numa "evolução bastante comum, no tocante a institutos aparentados à boa fé e que visam, no fundo, permitir uma sindicância do sistema sobre as diversas soluções jurídicas"[214]. Indepen-

---

[212] GRUNEWALD, § 326, em *Münchener Kommentar zum Aktiengesetz*, 4ª ed., 2015, Rn. 1-6.
[213] SINGHOF, § 326, em SPINDLER/STILZ, *Aktiengesetz*, 3ª ed., 2015.
[214] MENEZES CORDEIRO, *O levantamento da personalidade colectiva no direito civil e comercial*, Coimbra, 2000, 127.

dentemente de qualquer fator subjetivo, haveria violação do princípio da primazia da materialidade subjacente quando se negasse ao sócio informação relativa a assuntos das filiais que têm consequências inevitáveis na sua esfera jurídica, com relevância semelhante à dos assuntos da sociedade de que são sócios.

O recurso à boa fé e ao sistema resolveriam adequadamente, bom é de ver, o problema em estudo. Porém, havendo solução de direito estrito não há que evocar os institutos *ex bona fide*. Não deparamos, em verdade, meramente com recusa abusiva de informação: antes existe, pura e simplesmente, uma direta contravenção dos direitos dos sócios legalmente considerados. A boa fé deve relevar sobretudo, a montante, como auxiliar interpretativo, para, com base no sistema, se concretizar o sentido e alcance do dever de informação dos administradores da sociedade-mãe.

4.4. Balanço: o critério absoluto-funcional de acesso do sócio à informação aplicado às sociedades em relação de grupo por domínio total

Importa assentar que os critérios inicialmente indicados para a delimitação do âmbito da informação a que o sócio pode aceder manifestam o reconhecimento de que, em caso de grupo constituído por domínio total, o impacto da gestão da sociedade-filha na sociedade-mãe (em toda a sua extensão) e, consequentemente, no próprio *status socii* dos sócios da sociedade-mãe determina uma equiparação da esfera dos assuntos sociais que constituem objeto do direito de informação do sócio. Ou seja, atendendo ao impacto descrito, é indiferente, da perspetiva do sócio e sobretudo das funções desempenhadas pelo direito à informação, que os factos ou esclarecimentos em jogo respeitem à sociedade de que é sócio ou à sociedade totalmente dominada, uma vez que é idêntica a repercussão que uns e outros têm na sua posição social.

Não há qualquer devassa da vida interna da sociedade, na medida em que continuam naturalmente a aplicar-se, nos termos gerais, os fundamentos apontados de recusa da informação. Ou seja, os interesses conflituantes que potencialmente estariam em jogo ficam acautelados pela indiscutível aplicabilidade do regime protetor constante do Código. Na expansão do direito à informação está em causa ainda e sempre a realização das funções do direito à informação, com a mera particularidade de a atividade – em vez de diretamente – ser indiretamente prosseguida. A sociedade-filha é um instrumento da sociedade-mãe, que a comanda e em cuja esfera jurídica e económica se repercute – para o bem e para o mal – a respetiva atividade, afetando de forma manifesta a posição do sócio da sociedade de topo.

Se dúvidas houvesse sobre a interpretação das normas que consagram o direito à informação do sócio, sempre acrescentaríamos que a solução apontada corresponde, na realidade, à única interpretação que respeita os princípios constitucionais da propriedade privada e da liberdade de associação, que o direito à informação precisamente serve, nos termos referidos.

Estão, pois, em abstrato, constituídos os pressupostos do direito à informação (a confirmar em concreto perante cada pedido de informação). A recusa de prestação de informação pode existir, é certo, mas fica condicionada pelos requisitos legais, os quais permitem precaver eventuais interesses opostos merecedores de tutela jurídica. Sendo caso disso, a informação será recusada ao sócio da sociedade totalmente dominante, não por respeitar à sociedade totalmente dominada, mas por ser de recear (objetivamente) uma utilização para fins estranhos à qualidade de sócio, ou seja, para objetivos que não respeitem à formação da vontade da sociedade, ao exercício de direitos ou em geral à participação na vida social, com o inerente risco de que essa utilização cause prejuízos[215].

Problema diferente é determinar o sujeito passivo do dever de informar. Em princípio, a pretensão do sócio de uma sociedade agrupada apenas se pode dirigir a essa sociedade. A possibilidade de aceder a informação *per saltum*, junto de sociedade da qual não se é sócio, já tem sido sustentada, porém, no direito alemão: a hipótese de *Sprungauskunft* é admitida com base nos deveres de lealdade desta sociedade[216]. Distinta é a hipótese da eventual iniciativa da sociedade-mãe e/ou da sociedade--filha, em articulação ou por mandato da primeira, no sentido do estabelecimento voluntário de canais diretos de comunicação com os sócios da sociedade-mãe tendo em vista a satisfação das exigências de prestar informação que sobre os membros da administração da sociedade-mãe

---

[215] Cf. ALEXANDRE SOVERAL MARTINS, em *CSC em comentário* cit., 311.

[216] Cf., *v.g.*, SVEN H. SCHNEIDER, *Informationspflicht* cit., 131, acabando por rejeitar a solução.

recaem, no contexto da prossecução de uma verdadeira política de informação reportada ao grupo.

5. Ilegitimidade da recusa de informação e consequências jurídicas

Determinando-se a ilegitimidade de recusa de prestação de informação por parte dos gerentes ou administradores, resta brevemente ponderar os efeitos deste incumprimento. Para além das consequências penais previstas nos artigos 518º e 519º – que bem atestam a gravidade da violação –, os sócios têm sempre a possibilidade – como se sabe – de recorrer ao inquérito judicial[217] ou, no que toca às informações preparatórias da assembleia geral ou a prestar nesta sede, ao pedido de anulação (artigos 58º/1, c) e 290º/3[218]) e às providências cautelares de suspensão correspondentes[219].

Além disso, está ao alcance dos sócios lesados a formulação de pedido de indemnização por danos sofridos. Em conformidade com o artigo 79º, "os gerentes ou administradores respondem também, nos termos gerais, para com os sócios e terceiros pelos danos que directamente lhes causarem no exercício das suas funções". Está em causa um dano – a demonstrar em juízo – sofrido imediatamente na esfera do próprio sócio e não um dano consequente de uma degradação do património social. Não obstante o caráter não inequívoco da lei sobre a distribuição do ónus da prova dos pressupostos da responsabilidade, *maxime* no que toca à culpa, é correto afirmar que "a dúvida terá de ser resolvida no plano dogmático", tudo dependendo da qualificação da responsabilidade perante os sócios[220]. Da nossa parte, há muito que vimos apontando que os administradores têm deveres diretamente para com os sócios em virtude da "ligação especial" (*Sonderverbindung*) estabelecida, a qual não pode ser detida pelos vínculos formais da personalidade jurídica[221], pelo

---

[217] O meio mais forte de tutela dos acionistas é o inquérito judicial, previsto no artigo 216º (nas sociedades por quotas), através do qual pode ser solicitada a aplicação de diversas medidas especialmente gravosas para os administradores ou mesmo para a própria sociedade. Sobre este meio de reação, cf. CATARINA MONTEIRO PIRES, *Informação nos grupos de sociedades*, RDS 3 (2016), 595-610.
[218] Aplicável também às sociedades por quotas, por força do artigo 214º/7.
[219] Cf. RUI CARDONA FERREIRA, *O acesso* cit., 231.
[220] RUI CARDONA FERREIRA, *O acesso* cit., 234 e 235.
[221] Cf. ANA PERESTRELO DE OLIVEIRA, *Grupos* cit., passim.

que a responsabilidade é obrigacional, com as consequências inerentes, do ponto de vista da distribuição do ónus da prova. Não é este o lugar para desenvolver a questão.

Deve, sim, chamar-se a atenção para que, independentemente da existência de danos, é sempre possível o pedido de destituição com justa causa, com base nos artigos 257º ou 403º/3. De acordo com o artigo 257º, além de a destituição poder ser deliberada ao abrigo do nº 1, 2ª parte, nos termos do nº 4, "existindo justa causa, pode qualquer sócio requerer a suspensão e a destituição do gerente, em acção intentada contra a sociedade". Em conformidade com o nº 6, "constituem justa causa de destituição, designadamente, a violação grave dos deveres do gerente", além da sua incapacidade para o exercício normal das respetivas funções. De acordo com o artigo 403º/3, "um ou mais accionistas titulares de acções correspondentes, pelo menos, a 10% do capital social podem, enquanto não tiver sido convocada a assembleia geral para deliberar sobre o assunto, requerer a destituição judicial de um administrador, com fundamento em justa causa".

Na explicação do Acórdão da Relação do Porto de 9 de abril de 2002[222], relativo a um caso de violação de deveres informativos, "haverá fundamento para a destituição de um gerente, quando na sequência da violação grave dos seus deveres, não seja justo exigir que a sociedade o mantenha nesse cargo". A este propósito deve ser convocada a ideia de *inexigibilidade* de prolongamento da relação de administração, atendendo à quebra grave da relação de confiança por parte dos gerentes, que, com a sua conduta, privam o sócio do acesso a informação essencial para conhecer a sua sociedade, controlar o seu investimento, intervir na vida social e monitorizar a adminsitração.

Inexigibilidade significa que não é *razoável* impor aos sócios que prolonguem a relação com o administrador ou gerente quando exista *justa causa*, ou seja, quando tenha havido um incumprimento com acentuada gravidade, que implique a quebra de confiança depositada no gerente e o qual tem, por isso, valor sintomático. Em última análise, está em jogo, como veremos, o princípio da boa fé que implica a ideia de que é *(des)razoável* obrigar a manter o administrador em funções quando violou gravemente as suas obrigações.

---

[222] Processo 1.253/2001, Colectânea de Jurisprudência, Tomo II/2002.

Saber o que é exigível perante cada relação concreta é um exercício de interpretação, embora sempre em interação com a aplicação dos princípios gerais do ordenamento jurídico. Repare-se que o problema da (in)exigibilidade se coloca de duas perspetivas: saber o que se pode e deve esperar das partes no exercício das suas obrigações e, bem assim, saber quando é que deixa de poder pedir-se a uma das partes que permaneça vinculada perante o incumprimento.

A *importância* do incumprimento constitui um elemento normativo cuja valoração é remetida ao juiz – significando, na essência, um incumprimento de transcendência para a relação, que torne *inexigível* prolongar a relação de administração[223].

---

[223] Citando BAPTISTA MACHADO, *Pressupostos da resolução por incumprimento*, Separata do número especial do BFDUC, *Estudos em homenagem ao Prof. Doutor José Joaquim Teixeira Ribeiro*, 1979 cit., 21, "o conceito de 'justa causa' ou 'fundamento importante' é um conceito indeterminado que exige uma apreciação do caso concreto". "Será uma 'justa causa' ou um 'fundamento importante' qualquer circunstância, facto ou situação em face da qual, e segundo a boa fé, não seja *exigível* a uma das partes a continuação da relação contratual; todo o facto capaz de fazer perigar o fim do contrato ou de dificultar a obtenção desse fim, qualquer conduta que possa fazer desaparecer pressupostos, pessoais ou reais, essenciais ao desenvolvimento da relação, designadamente qualquer conduta contrária ao dever de correção e lealdade (...)". Cf. na linha de BAPTISTA MACHADO, Ac. da RPt de 21/02/2008 (José Ferraz) e Ac. da RPt de 28/04/2014 (Manuel Domingues Fernandes). Como bem se expõe no Ac. da RPt de 20/04/2006 (Amaral Ferreira): "como resulta do contrato, o direito de resolução encontra-se ligado, não a um simples incumprimento de uma obrigação, mas a uma situação de ruptura da relação contratual (incumprimento grave ou reiterado). O princípio geral da boa fé (art. 762º, nº 2, do CCivil) e o critério geral do abuso do direito (art. 334º do CCivil), bem como a doutrina extraída dos arts. 802º, nº 2, e 808º, nº 1, do CCivil, opõem-se à admissão da resolução se o incumprimento for insignificante ou de escassa importância, devendo ser antes apreciada objectivamente, ponderando os interesses em causa e a consideração do interesse negocial dos contraentes".

BIBLIOGRAFIA

ABBADESSA, PIETRO – *La circolazione delle informazioni all'interno del gruppo*, em *I gruppi di società. Atti del Convegno Internazionale di Studi, Venezia, 16-17-18 novembre 1995*, vol. I, Milano, 1996, 567-578.

ALTMEPPEN, HOLGER – *Die Haftung des Managers im Konzern*, München, 1998.

ANDRADE, MARGARIDA COSTA – art. 21º, em *Código das Sociedades Comerciais em comentário*, vol. I, Coimbra 2017.

ANTUNES, HENRIQUE SOUSA – *Algumas considerações sobre a informação nas sociedades anónimas*, Direito e Justiça vol. IX 1995, Tomo 2, 193-228.

ANTUNES, JOSÉ A. ENGRÁCIA – *Os direitos dos sócios da sociedade-mãe na formação e direcção dos grupos societários*, Porto, 1994.

— *Liability of corporate groups. Autonomy and control in parent-subsidiary relationships in US, German and EU law*, Deventer, Boston, 1994.

— *Participações qualificadas e domínio conjunto – A propósito do caso "António Champalimaud – Banco Santander"*, Coimbra, 2000.

— *Os grupos de sociedades. Estrutura e organização jurídica da empresa plurissocietária*, 2ª ed., Coimbra, 2002.

— *O âmbito de aplicação do sistema das sociedades coligadas*, em *Estudos em Homenagem à Professora Doutora Isabel de Magalhães Collaço*, vol. II, Coimbra, 2002, 97-116.

BAPTISTA, DANIELA FARTO – *A atuação concertada como fundamento de imputação de direitos de voto no mercado de capitais*, Lisboa, 2016, 222.

BEUSELINCK, CHRISTOF/DELOOF, MARC/MANIGART, SOPHIE – *Financial reporting, disclosure and corporate governance*, em *The Oxford Handbook of Corporate Governance*, Oxford, 2013, 290-307.

Branco, Sofia Ribeiro – *O direito dos accionistas à informação*, Coimbra, 2008.

Câmara, Paulo – artigo 448º, em *Código das Sociedades Comerciais anotado*, 2ª ed., Coimbra, 2011.

— *O dever de lançamento de Oferta Pública de Aquisição no Novo Código dos Valores Mobiliários*, CadMVM nº 7, abr. 2000, 197-268.

— *Manual de direito dos valores mobiliários*, 3ª ed., Coimbra, 2016.

— *O governo das sociedades e a reforma do Código das Sociedades Comercias*, em *Código das sociedades comerciais e governo das sociedades*, Coimbra, 2008, 145.

Castro, Carlos Osório de – *Sociedades anónimas em relação de participações recíprocas: alguns aspectos do regime legal*, RDES XXXI (1989), 118-121.

Cordeiro, António Menezes – *Da boa fé no direito civil*, Coimbra, 1984.

— *O levantamento da personalidade colectiva no direito civil e comercial*, Coimbra, 2000.

— *Direito europeu das sociedades*, Coimbra, 2005.

— *Manual de direito das sociedades*, vol. I, Coimbra, 2007.

— *Introdução ao Direito da prestação de contas*, Coimbra, 2008.

— *Direito das sociedades* I, 3ª ed., Coimbra, 2011.

Cordeiro, A. Barreto Menezes – *Manual de direito dos valores mobiliários*, Coimbra, 2017.

Correia, Luís Brito – *Grupos de sociedades*, em *Novas Perspectivas do direito comercial*, Coimbra, 1988, 377-399.

Di Sabato – *Concentrazioni e gruppi nel diritto interno*, GiurCom 15.4, jul.--ag. 1988, 529-547.

Drago, Diogo – *O poder de informação dos sócios das sociedades comerciais*, Coimbra, 2009.

Emmerich, Volker/Habersack, Mathias – *Aktien- und GmbH-Konzernrecht*, 8ª ed., 2016.

Ferreira, Rui Cardona – *Acesso à informação nas sociedades anónimas (abertas e fechadas) e responsabilidade civil*, separata da ROA ano 76 I/II/III/IV, jan./dez. 2016.

Figueira, Eliseu – *Disciplina jurídica dos grupos de sociedades*, CJ XV (1990), 36-59.

Forum Europaeum Konzernrecht, *Por un derecho de los grupos de sociedades para Europa* (trad. esp.), RDM 232 (1999), 445-575.

Fleischer, Holger – *Konzernleitung und Leitungssorgfalt der Vorstandsmitglieder im Unternehmensverbund*, DB 14/2005, 759-766.

FRADA, CARNEIRO DA – *Uma "terceira via" no direito da responsabilidade civil?*, Coimbra, 1997.
— *O dever de legalidade: um novo (e não escrito?) dever fundamental dos administradores*, DSR ano 4, vol. 8 (2012), 65-74.
FRANÇA, MARIA AUGUSTA – *A estrutura das sociedades anónimas em relação de grupo*, Lisboa, 1990.
GOMES, JOSÉ FERREIRA – *Os deveres de informação sobre negócios com partes relacionadas e os recentes Decretos-Lei nºs 158/2009 e 185/2009*, RDS I (2009), 3, 587-633.
— *Da administração à fiscalização das sociedades. A obrigação de vigilância dos órgãos da sociedade anónima*, Coimbra, 2015.
GROMANN, HANS-GEORG – *Die Gleichordnungskonzerne im Konzern- und Wettbewerbsrecht*, Köln, Berlin, Bonn, München, 1979.
GRUNEWALD, BARBARA – § 326, em *Münchener Kommentar zum Aktiengesetz*, 4ª ed., München, 2015.
HABERSACK, MATHIAS – em EMMERICH/HABERSACK, *Aktien- und GmbH-Konzernrecht*, 8ª ed., 2016, § 326.
HEINRICHS, HELMUT – § 242 em *Palandt Bürgerliches Gesetzbuch*, 68ª ed., München, 2009.
HENZE, HARTWIG – *Treuepflichtwidrige Stimmrechtsausübung und ihre rechtlichen Folgen*, em *Gesellschaftsrecht 1995*, Köln, 1996, 1-21.
HOMMELHOFF, PETER – *Die Konzernleitungspflicht. Zentrale Aspekte eines Konzernverfassungsrechts*, Köln, Berlin, Bonn, München, 1982.
JUNGKURTH, FRANK – *Konzernleitung bei der GmbH. Die Pflichten des Geschäftsführers*, Berlin, 2000.
KREBS, PETER – *Sonderverbindung und ausserdeliktische Schutzpflichten*, München, 2000.
LA ROSA, PAVONE – *Nuovi profili della disciplina dci gruppi societari*, Riv. soc. ano 48º, jul.-ag. 2003, 765-779.
LABAREDA, JOÃO – *Direito à informação*, em *Problemas do direito das sociedades*, Coimbra, 2003, 119-151.
LAMANDINI, MARCO – *Il "controlo" Nozione e "tipo" nella legislazione economica*, Quaderni di GiurCom 155, Milão, 1995.
LINNAINMAA, LEENA – *Transparency of group structures and relations*, em *Panel discussion: Groups of companies and the current European Company Law framework*, European Commission: DG Internal Market and Services, *Conference on European Company Law: The way forward*, Bruxelas, maio 2011.

Machado, João Baptista – *Pressupostos da resolução por incumprimento*, Separata do número especial do BFDUC, *Estudos em homenagem ao Prof. Doutor José Joaquim Teixeira Ribeiro*, 1979.

Mader, Florian – *Der Informationsfluss im Unternehmensverbund*, Tübingen, 2016.

Marchetti, Piergaetano – *Sul controllo e sui poteri della controllante*, em I gruppi di società. Atti del Convegno Internazionale di Studi, Venezia, 16-17-18 novembre 1995, vol. II, Milano, 1996, 1547-1564.

Martins, Alexandre Soveral – art. 215º em *Código das Sociedades Comerciais em comentário*, vol III, Coimbra, 2016.

Mignoli, Ariberto – *Interesse di gruppo e società "a sovranità limitata"*, CI 1986, 729-738.

Nunes, Pedro Caetano – *Dever de gestão dos administradores de sociedades anónimas*, reimpr. Coimbra, 201.

Oliveira, Ana Perestrelo de – *A responsabilidade civil dos administradores nas sociedades em relação de grupo*, Coimbra, 2007.

— arts. 481º-508º; em Menezes Cordeiro (coord.), *Código das Sociedades Comerciais anotado*, 2ª ed., Coimbra, 2011.

— *Grupos de sociedades e deveres de lealdade. Por um critério unitário de solução do "conflito do grupo"*, Coimbra, 2012.

— *OPA obrigatória e controlo indireto*, Revista de Direito das Sociedades IV (2012), 3.

— *Questões avulsas em torno dos artigos 501º e 502º do Código das Sociedades Comerciais*, RDS IV (2012), 4, 871-898.

— *Manual de grupos de sociedades*, Coimbra, 2016.

— *Manual de governo das sociedades*, Coimbra, 2017.

— *A imputação de votos nas relações de domínio e de grupo: o sentido do novo nº 3 do artigo 21º do Código dos Valores Mobiliários*, RDS IX (2018), 1.

Pires, Catarina Monteiro – *Informação nos grupos de sociedades*, RDS 3 (2016), 595-610.

Oliveira, Ana Perestrelo de/Ferro, Miguel Sousa – *The sins of the son: parent company liability for competition law infringements*, RC&R 3, 53-92.

Oliveira, Madalena Perestrelo de – *Transparência no mercado de capitais: information overload, e ciência ou tutela dos investidores?*, RDS VIII (2016), 4, 787-809.

Pinheiro, Luís de Lima – *Joint venture. Contrato de empreendimento comum em direito internacional privado*, Lisboa, 1998.

Pinto, Alexandre Mota – *Transações com partes relacionadas, no direito das sociedades*, Actualidad Jurídica Uría Menéndez 43 (2016), 25-35.

Pulido Begines, Juan Luis – *El derecho de informacion del socio em la sociedad de responsabilidade limitada (arts. 51 y 86 LSRL)*, Madrid, 1997.

Reiner, Günter – *Unternehmerisches Gesellschaftsinteresse und Fremdsteuerung*, München, 1995.

Resende, João Mattamouros – *A imputação dos direitos de voto no mercado de capitais*, Lisboa, 2010.

Rodrigues, Ana Maria/Dias, Rui Pereira – *Código das Sociedades Comerciais em Comentário*, vol. VII, Coimbra, 2014.

Sacchi, Roberto – *Sul gruppi nel progetto Mirone*, GiurCom 27.3, mai.-jun. 2000, 358-369.

— *Sulla responsabilità da direzione e coordinamento nelle riforma delle società di capitali?*, GiurCom 30.5, set.-out. 2003, 661-677.

Santos, Hugo Moredo – *Transparência, OPA obrigatória e imputação de direitos de voto*, Coimbra, 2011.

Santos, Pedro Barrambana – *O direito do accionista à informação nas sociedades em relação de domínio total*, RDS VI (2014), 1, 151-212.

Sbisà, Giuseppe –*Società e imprese controllate nel d.l. 9 aprile 1991, n.127*, Riv. soc. ano 37º, 1992, 906-922.

Schmidt, Karsten – *Gleichordnung im Konzern: terra incognita?*, ZHR 155 (1991), 417-446.

— *Gesellschaftsrecht*, 4ª ed., Köln, Berlin, Bonn, München, 2002.

Schneider, Sven H. – *Informationspflichten und Informationssystemeinrichtungspflichten im Aktienkonzern*, Berlin, 2006.

Schneider, Uwe H. – *Das Recht der Konzernfinanzierung*, ZGR 3/1984, 499-537.

— *Compliance im Konzern*, NZG 2009, 1321-1326.

Senger/Joehne, *Münchener Kommentar zur Bilanzrecht*, München, 2013.

Silva, Paula Costa e – *Domínio de sociedade aberta e respectivos efeitos*, em *Direito dos valores mobiliários*, V, Coimbra, 2004, 325-342.

— *A imputação dos direitos de voto na oferta pública de aquisição*, em *Jornadas Sociedades Abertas, Valores Mobiliários e Intermediação Financeira*, Coimbra, 2007, 243-282.

SINGHOF, BERND – § 326, em SPINDLER/STILZ, *Aktiengesetz*, 3ª ed., München, 2015.

SPADA, PAOLO – *L'alienazione del governo della società per azioni*, em *I gruppi di società. Atti del Convegno Internazionale di Studi, Venezia, 16-17-18 novembre 1995*, vol. II, Milano, 1996, 2175-2192.

TORRES, CARLOS PINHEIRO – *O direito à informação nas sociedades comerciais*, Coimbra, 1998.

TRIGO, MARIA DA GRAÇA – *Grupos de sociedades*, Separata O Direito 123 (1991).

VALZER, AMADEO – *I potere di direzione e coordinamento di società tra fatto e contratto*, em *I Nuovo Diritto delle Società. Liber amicorum Gian Franco Campobasso*, vol. III, Torino, 2007, 833-885.

VASCONCELOS, PEDRO PAIS DE – *Contratos atípicos*, 2ª ed., Coimbra, 2009.

VENTURA, RAÚL – *Contrato de subordinação (arts. 493º e ss.). Comentário ao Código das Sociedades Comerciais*, em *Novos estudos sobre sociedades anónimas e sociedades em nome colectivo*, Coimbra, 1994.

— *Participações dominantes: alguns aspectos do domínio de sociedades por sociedades*, Separata da ROA, s/local, s/data.

— *Novos estudos sobre sociedades anónimas e sociedades em nome coletivo*, reimpr. da edição de 1994, Coimbra, 2003.

VESSIA, FRANCESCA – *Il sistema dei controlli nella società a responsabilità limitata*, Rivista del Diritto Commerciale ano CVII (2009), 907-999.

WELLENHOFER-KLEIN, MARINA – *Treupflichten im Handels-, Gesellschafts- und Arbeitsrecht. Eine Untersuchung zum deutschen, ausländischen und europäischen Recht*, RabelZ 64/2000, 564-594.

WELLKAMP, LUDGER – *Die Gleichordnungskonzern – Eine Konzern ohne Abhängigkeit?*, DB 50/1993, 2517-2521.

WIEDEMANN, HERBERT – *Die Unternehmensgruppe im Privatrecht*, Tübingen, 1988.

ÍNDICE

CAPÍTULO I. A IMPORTÂNCIA DA INFORMAÇÃO
NOS GRUPOS   5
1. Visão geral e razão de ordem   5
2. Conceito de grupo relevante: breve síntese   7

CAPÍTULO II. INFORMAÇÃO E TRANSPARÊNCIA
DO GRUPO E RELAÇÕES INTRAGRUPO   17
1. Transparência da estrutura do grupo. Aspetos gerais   17
2. A transparência da estrutura do grupo à luz do Código
   das Sociedades Comerciais: deveres de comunicação
   de aquisição de participações sociais   20
3. A especial relevância da transparência da estrutura de grupo
   nas sociedades abertas: deveres de comunicação
   de participações e regras de imputação   25
4. Transparência e relato financeiro: consolidação de contas
   e relato de gestão consolidado   39
   4.1. Consolidação de contas: aspetos gerais   39
   4.2. O Decreto-Lei nº 158/2009 e a Norma Contabilística e de
        Relato Financeiro 15 (Aviso nº 8256/2015, de 29 de julho)   43
   4.3. O fundamento da consolidação: a unidade decorrente
        do controlo   45
        4.3.1. O conceito de controlo como "conceito funcional"
               ou "conceito determinado pela função"   45
        4.3.2. "Decomposição" do conceito de controlo para
               efeitos de consolidação   48

4.3.3. Presunção de controlo	52
4.3.4. Outras situações de controlo e não inversão do ónus da prova	53
4.4. Relatório de gestão consolidado	54
5. Outros deveres de informação. Em especial, a transparência de transações com partes relacionadas	56

CAPÍTULO III. CIRCULAÇÃO DE INFORMAÇÃO *UPSTREAM* E *DOWNSTREAM* ENTRE SOCIEDADES DO GRUPO — 63

1. A importância e a necessidade da circulação da informação intragrupo	63
2. Os deveres de informação ao serviço da publicidade do grupo	65
3. Os deveres de informação ao serviço do controlo e vigilância global do grupo	66
4. Os deveres de informação ao serviço da direção unitária do grupo	70
4.1. Quadro geral	70
4.2. Grupos de direito	71
4.2.1. Informação upstream	71
4.2.2. Informação downstream	75
4.3. Grupos de facto	78
4.3.1. O âmbito do poder de direção no grupo de facto	78
4.3.2. O dever de informar como decorrência excecional do dever de lealdade: informação *upstream* e *downstream*	86
4.3.3. Igualdade no acesso à informação. O artigo 291º/7, em especial	93
5. Deveres de informação ao serviço exclusivo da sociedade-mãe (e não do grupo como um todo)?	95

CAPÍTULO IV. DIREITO À INFORMAÇÃO DOS SÓCIOS NOS GRUPOS DE SOCIEDADES — 97

1. Aspetos gerais	97
2. Delimitação do direito à informação dos sócios *em geral*: do critério absoluto ao critério funcional	99
3. O direito à informação nos grupos de sociedades	112

3.1. Aplicação do critério absoluto-funcional perante a "conexão do grupo": dos deveres de lealdade (boa fé) aos deveres de informação ... 112
3.2. O impacto do grupo na posição dos sócios das sociedades agrupadas: os perigos da influência sobre a sociedade-filha e o efeito "mediatizador" do grupo (*Mediatisierungseffekt*) ... 118
3.3. A necessidade de caracterização casuística da coligação societária ... 123
4. O caso especial do direito à informação nos *grupos constituídos por domínio total* ... 126
    4.1. Aplicação do duplo critério absoluto-funcional: aspetos gerais ... 126
    4.2. A especial posição do sócio da sociedade totalmente dominante em face da sociedade dominada ... 128
    4.3. Concretização: o grupo constituído por domínio total como "comunidade de proveitos e riscos"; o impacto da redistribuição dos riscos da exploração empresarial sobre o direito à informação do sócio ... 130
    4.4. Balanço: o critério absoluto-funcional de acesso do sócio à informação aplicado às sociedades em relação de grupo por domínio total ... 135
5. Ilegitimidade da recusa de informação e consequências jurídicas ... 137

BIBLIOGRAFIA ... 141